善導大師

高僧傳

阿彌陀佛化身

編撰——許清原

【編撰者簡介】

許清原

出生於桃園市觀音區，臺灣師範大學美術學系博士，目前任職於湖北黃岡師範學院美術學院副教授。從事環境設計，規劃大學校園相關的文化建設；推崇「設計思考」的創新與務實精神，研究專長為東西方哲學、美學與藝術史。積極在各地參加學術研討會，發表過〈唯識學與意境美學的融合及詮釋〉、〈書法禪中的禪意與靜穆〉等文章。讀書之餘，喜歡五湖四海遨遊，增廣見聞，充實身心，進德修業。

【「高僧傳」系列編輯序】

令眾生生歡喜者，則令一切如來歡喜

「為佛教，為眾生」六個字，乃是印順法師於臺北市龍江街慧日講堂（後因大門遷移，地址遷至朱崙街）為證嚴法師授予三皈依、並賜法名時的殷殷叮囑：「既然出家了，你要時時刻刻為佛教、為眾生。」

依證嚴法師解釋：「為佛教」是內修清淨行，「為眾生」則要挑起如來家業，走入人群救度眾生。因此法師稟承師訓，一心一志「為佛教還原教義，為眾生點亮心燈」，而開展慈濟眾生的志業。

歷代高僧之「為佛教、為眾生」

證嚴法師開創「靜思法脈，慈濟宗門」，並將其與「為佛教，為眾生」合釋：「靜思法脈」乃「為佛教」，是智慧；「慈濟宗門」即「為眾生」，是大愛。

進而言之，「靜思法脈，慈濟宗門」即菩薩道所強調的「悲智雙運」：「靜思法脈」是「智」，「慈濟宗門」是「悲」；傳承法脈、弘揚宗門就要「悲智雙運」，積極在人間發揮慈、悲、喜、捨四無量心。此亦即慈濟人開展四大志業、八大法印時的根本心要。

由其強調「悲智雙運」可知，「靜思法脈，慈濟宗門」並非標新立異，而是傳承佛陀教法以及漢傳佛教歷代高僧的教誨——包括身教與言教，並要求身心皆徹底踐履。為了讓世人明瞭慈濟宗門之初心與悲願，也讓這些歷代高僧的事蹟與精神更廣為人知，大愛電視臺秉持證嚴法師的信念，於二〇〇三年起陸續製作《鑑真大和尚》與《印順導師傳》動畫電影，將佛教史上高僧大德的動人故事，經由動畫電影的形式，傳遞到全世界。

因為電影的成功，大愛電視臺進一步籌畫更詳盡的電視版〈高僧傳〉——採取臺灣民眾雅俗共賞的歌仔戲形式。〈高僧傳〉的每一部劇本都是經過數個月的資料研讀與整理，縝密思考後才下筆，句句考證、字字斟酌。製作團隊感受到每一位大師皆以身作則、行菩薩道的特質，希望將每位高僧的大願與大行傳遍世界。

然而，不論是動畫或戲劇，恐難完整呈現《高僧傳》中所載之生命歷程，以及諸位高僧與祖師之思想以及對後世之貢獻。因此，慈濟人文志業中心便就〈高僧傳〉歌仔戲所演繹過的高僧，以《高僧傳》及《續高僧傳》之原著為基礎，含括了日、韓等國之佛教史上的知名高僧，編撰「高僧傳」系列叢書。我們不採取坊間已有之小說體形式，而是嚴謹地參照人物評傳的現代寫法，參酌相關之史著及評論，對其事蹟有所探討與省思，並將其社會背景、思想及影響皆納入，雜揉編撰，內容包括高僧的生平、傳承及主要思想或重要經典簡介。從中，我們不僅可以讀到歷代高僧的智慧與悲心，亦可一覽相關的佛教史地、典籍與思想。

在編輯過程中，我們可以看到歷代高僧之「為佛教，為眾生」：鳩摩羅什飽受戰亂、顛沛流離，仍戮力譯經，得令後人傳誦不絕，乃是為利益眾生；玄奘歷萬里之險取得梵本佛經、致力翻譯，其苦心孤詣，是為利益眾生；鑑真六次渡海欲至東瀛傳戒，眼盲亦不悔，是為利益眾生；六祖惠能隱居十五載以避害身之禍，只為弘揚如來心法，並言「佛法在世間，不離世間覺；離世求菩提，猶如覓兔角」，亦是為利益眾生……

這些高僧祖師大可獨善其身、如法修行以得解脫，為何要為法忘身、受諸逆境而不退？究其根本，他們不只是為了參究佛法，而是深知弘揚大乘佛法的目的乃在於大慈大悲地度化眾生、讓眾生能得安樂；若不能讓眾生同霑法益，求法何用？如《大智度論．卷二七》所云：

一切諸佛法中，慈悲為大；若無大慈大悲，便早入涅槃。

由此可知，就大乘精神而言，「為佛教」即應「為眾生」，實為一體之兩面。

「大悲」為「諸佛之祖母」

除了歷代高僧之示現，「為眾生」之菩薩道的實踐，於經教中更是多不勝數、歷歷可證。例如，《無量義經．德行品第一》便說明了菩薩作為眾生之大導師、大船師、大醫王之無量大悲：

無量大悲救苦眾生，是諸眾生真善知識，是諸眾生大良福田，是諸眾生不請之師，是諸眾生安隱樂處、救處、護處、大依止處。處處為眾作大導師，能為生盲而作眼目，聾劓啞者作耳鼻舌；諸根毀缺能令具足，顛狂荒亂作大正念。船師、大船師運載群生渡生死河，置涅槃岸；醫王、大醫王，分別病相曉了藥性，隨病授藥令眾樂服；調御、大調御，無諸放逸行，猶如象馬師，能調無不調；師子勇猛，威伏眾獸，難可沮壞。

如來於《法華經．觀世音菩薩普門品》中宣說，觀世音菩薩更以三十三種應化身度化眾生：

佛告無盡意菩薩：善男子，若有國土眾生，應以佛身得度者，觀世音菩薩即現佛身而為說法；應以辟支佛身得度者，即現辟支佛身而為說法；應以聲聞身得度者，即現聲聞身而為說法；應以梵王身得度者，即現梵王身而為說法；應以帝釋身得度者，即現帝釋身而為說法……應以天龍、夜叉、

> 乾闥婆、阿修羅、迦樓羅、緊那羅、摩睺羅伽、人非人等身得度者，即皆現之而為說法；應以執金剛神得度者，即現執金剛神而為說法。無盡意，是觀世音菩薩成就如是功德，以種種形遊諸國土，度脫眾生，是故汝等應當一心供養觀世音菩薩。是觀世音菩薩摩訶薩，於怖畏急難之中能施無畏，是故此娑婆世界皆號之為施無畏者。

為何觀世音菩薩要聞聲救苦？因為菩薩總是「人傷我痛、人苦我悲」，恆以「利他」為念。如《大丈夫論》所云：

> 菩薩見他苦時，即是菩薩極苦；見他樂時，即是菩薩大樂。以是故，菩薩恆為利他。

正是因為這般順隨眾生、「以種種形」而令其無畏的無量悲心，讓觀世音菩薩受到漢傳佛教乃至於華人民間信仰的共同崇敬。慈濟人之所以超越貧富、超越國界、超越宗教地去關懷與膚慰需要幫助的生命，便是效法觀世音菩薩無量悲心、無量應化的精神。

在《法華經．普賢菩薩勸發品》中發願、將於佛滅後守護及教導受持《法華經》之眾生的普賢菩薩，於《華嚴經．普賢行願品》中則教導善財童子如何供養諸佛，亦揭示了如來、菩薩、眾生的關係：

於諸病苦，為作良醫；於失道者，示其正路；於闇夜中，為作光明；於貧窮者，令得伏藏。菩薩如是平等饒益一切眾生。何以故？菩薩若能隨順眾生，則為隨順供養諸佛；若於眾生，尊重承事，則為尊重承事如來；若令眾生生歡喜者，則令一切如來歡喜。何以故？諸佛如來，以大悲心而為體故。因於眾生，而起大悲；因於大悲，生菩提心；因菩提心，成等正覺。……若諸菩薩，以大悲水饒益眾生，則能成就阿耨多羅三藐三菩提故。是故菩提，屬於眾生；若無眾生，一切菩薩終不能成無上正覺。善男子，汝於此義，應如是解。以於眾生心平等故，則能成就圓滿大悲；以大悲心隨眾生故，則能成就供養如來。

《大智度論．卷二〇》亦云，佛陀強調，大悲心乃是諸佛菩薩之根本，具大悲心方能得般若智慧，亦方能成佛：

大悲，是一切諸佛、菩薩功德之根本，是般若波羅蜜之母，諸佛之祖母。菩薩以大悲心，故得般若波羅蜜；得般若波羅蜜，故得作佛。

「菩薩若能隨順眾生，則為隨順供養諸佛；若於眾生，尊重承事，則為尊重承事如來；若令眾生生歡喜者，則令一切如來歡喜。」閱及此段，不禁令人深深體會證嚴法師之智慧與悲心：慈濟宗門四大、八印之聞聲救苦、無量應化地「為眾生」，也是同時「為佛教」地供養諸佛、令一切如來歡喜啊！

歷代高僧雖未如慈濟宗門般推動慈善、醫療、乃至於環保、國際賑災等志業，乃因其時空因素，欲度化眾生先以弘揚大乘經教與法義為重；現今經教已備，所須的乃是效法菩薩道之力行實踐！慈濟宗門便是上承歷代高僧與經論之教法，推動四大、八印，行菩薩道饒益眾生，以此供養如來。

換言之，歷代高僧之風範、智慧及悲願，為佛教，也為眾生，此即諸佛菩薩之本懷，亦為慈濟宗門之本懷！這便是《高僧傳》系列叢書所欲彰顯者。

遙企歷代高僧儼然身影，我們可以肯定：為眾生，便是為佛教；為佛教，一定要為眾生！

【推薦序】

漢傳高僧輩出，繼往開來，延續佛種！

——釋宏印（嘉義海印精舍住持）

印度的文明與宗教，有其獨特的風格。印度人從古迄今，仍然陶醉於思索生命的「永恆」；思索生命，探究生死，尋求解脫，種種教派，無奇不有。二千五百年前，釋迦牟尼佛誕生於古印度——恆河的發源地。近人印順法師說：「釋尊的出現人間，有他的時節因緣，也就是印度當時的文化環境，有發生佛教的可能與需要。」善哉斯言！

佛教在印度歷史舞臺，歷經原始佛教、部派佛教、中觀大乘、唯識大乘、真常大乘、真言密乘等發展，雖有其輝煌史頁，卻只有一千七百年的歷史，便在印度發源地沉寂了！而佛教傳入中土，迄今已歷滿二千年，仍歷久不衰；其因緣眾多，值得多方面探討理解。

東漢時，佛教傳到中國，中國已有高度文化思想；印度民族性格的佛教，經過轉折融合成為中國民族性格的佛教。這點，從隋唐的天台及華嚴兩宗之出現，以及唐宋以來禪、淨兩宗的深入中國民間基層，可以反映出佛教「漢化」的新型態新風格。

對於漢傳佛教，筆者略舉幾項特徵：

一、「博大涵容性」：印度眾多經論，宗派多元，中國多能廣納涵容，兼容並蓄，不拘一格，形成博大精深。

二、「圓融會通性」：印度的部派阿毘達磨佛教、上座部、大眾部等眾多部派，思想法義始終紛諍不休，大乘的中觀與唯識及真常唯心、乃至顯密之間，也是對立不能圓融。漢傳佛教的古德，擅長會通圓融。可以從隋唐古德的「判教」歸類，充分理解「會通」的特長。

三、「創新契機性」：從印度佛教轉型中國化佛教，尤其以中國禪宗與淨土宗二宗最為明顯。此外，印度禪傳到中國禪，由如來禪到祖師禪，又演變為公案禪、話頭禪、山林禪等等，隨緣應機創化，不一而足。

中國淨土宗肇始於東晉慧遠大師，於廬山創白蓮社集眾念佛，影響深遠；北魏曇鸞大師，更是力弘《觀無量壽佛經》，特倡仗佛悲願力，依靠他力往生淨土。到唐朝初年，道綽大師判佛陀一代時教為聖道門、淨土門；道綽大師認為，聖道門是正法時期的根機，時已入末法，宜修淨土門仗他力往生，才是可靠的了生死解脫法門。

唐朝善導大師的出現，更是推動淨土法門成為宗派一大主流的高僧。善導大師所著之《觀經疏》有云：「一心專念彌陀名號，行住坐臥不管時節久暫，念念不捨是名正定之業；順彼佛願故，若依禮拜等是助業。」專提稱名念佛為正業，並說讀誦、禮拜、讚歎、觀察四種為助業。

善導大師刻苦力行，時常行走洛陽城大街小巷，高聲唱唸阿彌陀佛聖號，靈驗眾多，跟隨念佛者成千上萬，傾動王侯，蔚為風潮。大師貢獻深遠，更遠播東瀛，遺韻長久。

讀了許清原教授著《善導大師——阿彌陀佛化身》，論述詳實完備，難能可貴；讀者應細心研讀，更能理解善導大師一生事蹟。許博士治學嚴謹，深入經論，難得的是篤信佛教，身體力行，自大學時期起即與我常有往來；其為人也淡名利而務正思正見，不虛誇而守正業正命，信念始終如一，是少見的學術界優婆塞也。

慈濟傳播人文志業基金會出版了「高僧傳」系列叢書，更在大愛電視臺籌劃電視版的「高僧傳」歌仔戲；慈濟的文化視野及魄力，令人讚賞。我們熟讀梁慧皎的《高僧傳》，唐道宣的《續高僧傳》，對佛圖澄、釋道安、釋慧遠、鳩摩羅什、玄奘、惠能、神秀等高僧的事蹟，十分著迷讚歎，深深敬仰！中國漢傳佛教，歷兩千餘年而慧命永續，興盛不衰，實因歷代高僧輩出，繼往開來。高僧們的成就，卓絕非凡，德學折服士夫，神異傾動帝王，百姓景從，從而能與中華儒、道文化鼎足而立，光芒長照，慈濟蒼生。

清原博士致函給我，要筆者為《善導大師》作序，使我回憶起，曾在多所佛學院開課講授「高僧傳」的歲月；學院的學生，十分喜愛高僧的動人事蹟。今有感慈濟「為佛教、為眾生」的宏偉成就，僅略述漢傳佛教的歷史特徵；管窺之見，並就教於方家焉，是為序。

宏印於嘉義蘭潭、海印精舍

【推薦序】

善導大師傳——淨業行人之寶貴精神資糧！

——釋崇諦（湖北安國寺住持）

光明善導大師乃中國淨土宗之第二代祖師，聖德高風，勳業宏偉。其所大力宣導之念佛往生淨土法門，承宣諸佛本懷，接引苦海群生，定六時禮懺、般舟三昧之法，導信願具足、持名念佛之行，誠淨業指歸，德崇山嶽。

淨土法門所以盛弘後世，實與大師之精深造詣、堅固願行密不可分，非我等隻言片語可以盡述。許公清原先生志行高潔，學養深厚，因久慕大師遺風，年來深入經藏，鉤沉史海，於相關記述篇章深入研究，參詳志略，特為大師作傳，以資讚歎景仰之情。

善導大師之著述，現有《觀無量壽佛經疏》、《往生禮讚偈》、《淨土法事讚》、《般舟讚》、《觀念法門》等五部九卷存世，宋代史料中另有署名為善導之《臨終正念訣》；參詳如上典籍，略可了知大師之修持思想。

大師所作之《觀無量壽佛經疏》，亦名《觀經四帖疏》。此書之義理闡發，得以奠定淨土宗派之教理基礎。閱覽許先生所著之《善導大師——阿彌陀佛化身》，吾輩猶可觀見大師於玄中寺道綽禪師座下參學時節，勤篤精苦，持戒嚴謹，日日歸心淨土，修持十六觀門之觀相念佛、觀想念佛法門。菩提覺路，香光莊嚴，一生行履，躍然紙上；若得與大師所作之疏文發明對照，更可全面瞭解其淨土思想精義。大師廣弘定散二門、特標持名念佛，成後世念佛法門之主流，上契佛心，下合群機，利益深遠，影響巨大。

大師一生宣導淨土法門之行持儀式，且躬身力行，密密履踐。其著述集淨土學說與行門儀式之大成，使淨土信仰得以完備教派之形態。於此傳記中，我們亦能見許先生之學術態度，全傳考證嚴謹，文筆微妙，得以還原善導大師長行乞食、常持三衣、一心念佛之嘉德懿行。而文中所述大師宣導之轉讀行道、修般舟三昧、入道場念佛、懺悔發願等諸多修行儀軌，更可令學人追慕先賢風範之同時，增上修學之信心。

大師一生頗具傳奇色彩，且悲心切切，隨緣應化。其所舉「二河白道」之喻，極富藝術之感染力；而其布施淨資所造之數萬卷《阿彌陀經》、三百餘壁「淨土變相圖」，更成佛教史海之蔚然大觀。大師德學盛大，利生廣博，作育僧倫，續佛慧命；其門下懷感、懷惲諸師，亦乃法門龍象，化導群生不知其數。

大師之慈悲行願與道德文章，於當下之時代乃至盡未來際，皆可為淨業行人之寶貴精神資糧，利益彌遠。大師之宏猷，雖罄虛空而難敘一二；幸有許公先生方家作略，出手不凡。猶歎於此傳立意高遠，堪作標月之指；讀之思之，如入旃檀之林，開卷掩卷，不覺齒頰留香、回味深長也歟。

先生自來黃州施教授業，即客居安國禪林；因之是書完成之時，特乃囑予為之作序。予愧甚，推辭再三，辭不獲免，是以略述片言以充序。

歲次壬寅善導大師忌辰

淨業學人 崇諦於湖北安國禪林擇木堂

【推薦序】

以念佛培養「我是凡夫」的謙卑與懺悔

——游祥洲（世界佛教大學執行理事、國際佛教聯盟執行理事）

有幸提前拜讀許清原教授為慈濟傳播人文志業基金會撰寫的《善導大師》初稿，極為感佩。承蒙許教授邀請分享心得，略陳數點淺見，請大家指正。

本書資料考證翔實，更加可貴的是，用心細讀許教授筆下的《善導大師》，其實就是一個與讀者共同進入淨土法門真參實修、引人入勝的過程。這個「勝」字，就是許教授用他的生花妙筆，透過傳記式的敘述來介紹善導大師生平的精彩事蹟時，同時更善巧地披露了善導大師在淨土宗門上實際用功的關鍵細微下手處！因此，披閱此書，淺則可以享受史傳的妙趣，深則可以契悟稱名念佛的妙諦。

相對於東晉慧遠大師引進「般舟三昧」來確立淨土法門的立宗根基，唐代善導大師則特別聚焦於《觀無量壽經》第十八願的理念：

設我得佛，十方眾生，至心信樂，欲生我國，乃至十念，若不生者，不取正覺。

在這個基礎上開展之用功修習的八個關鍵字，就是：

本願念佛，凡夫入報。

這提綱挈領的八個字，強化了四個核心理念——

第一，篤信彌陀本願，這是對於淨土法門五根、五力的根本肯定。淨土宗在漢地之所以能夠廣傳且生根於民間，如實地成為三根普被的生活化宗教，這是善導大師的歷史性洞見。

第二，持名方便。淨土宗的用功方法，關鍵就是「持名念佛」。「阿彌陀佛」這一句佛號不但是最簡單的用功要領，而且已經成為民間最普遍的問候語。相對於禪宗的話頭：「念佛是誰？」念佛人的「阿彌陀佛」四個字更加直接了當，更容易攝心，更可以跟你的右腦快速連結，更可以超越苦苦參究的不確定性。簡單地說，持名念佛更容易相應，功夫更容易得力。

第三，確立「我是凡夫」的平常心用功立場。最可貴的是，這個「凡夫」二字，不強調「佛慢堅固」，而且還包含了在輪迴中不斷地造業、沉淪、複製過失、自欺欺人的芸芸眾生。

現任全日本佛教會（JBF）祕書長的戶松義晴先生，在美國哈佛大學宗教學院得到博士學位，他的傳承就是日本的淨土宗；而開創日本淨土宗的法然上人，就是以善導大師為源頭。有一次，戶松博士在我臺北住所痛陳佛教界不承認「我是凡夫」的種種虛偽弊端，令我深刻感動。

善導大師開啟了「仰止門」與「攝取門」，他在《觀經四帖疏》中有一段話特別令人感動：

又看此《觀經》定善，及三輩上下文意，總是佛去世後，五濁凡夫，但以遇緣有異，致令九品差別。何者？

上品三人，是遇大凡夫；

中品三人，是遇小凡夫；

下品三人，是遇惡凡夫。

以惡業故，臨終藉善，乘佛願力，乃得往生。

善導大師的見地，對二十一世紀的我們，非常值得珍惜。舉幾個例子——

這幾年來，臺北的淨耀法師長期推動監獄弘法，成效卓著，在各地的監獄中，皈依三寶的佛子超過六萬人。同時，國際知名的一行禪師，也有跟他學過禪的洋弟子因犯法而坐牢。師父的大弟子真空比丘尼，還特別寫了一篇文章鼓勵他們："*Prison moment, wonderful moment !*"（牢獄時光好修行）

最特別的例子是泰國，有一位年輕比丘，鼓勵藝術家到監獄裡面去指導已經被宣判死刑的囚犯，學習塑造佛像。這位泰國比丘的想法很簡單：即使是一個受刑人，也應該善用佛法來淨化他們的心靈；雖然他們被宣判了死刑，也應該讓他們透過塑造佛像，在輪迴中保有一顆清淨柔軟的心。泰國有一家很大的媒體還用一個特殊的標題來報導這件事情：

Hands with Sin, Hands with Soul !

慈濟基金會目前也在世界各地推動怎麼樣協助受刑人學佛，藉著佛法讓他們認識因果，發心向善；美國加州州政府，還特別邀請慈濟志工到監獄弘法。

同時，世界佛教大學的校長阿尼爾博士，也進入泰國的外語監獄協助受刑人認識佛法，修心向善，成效明顯。

越是在五濁惡世，我們越是需要培養「我是凡夫」的謙卑與懺悔。

第四，「入佛報土」的殊勝。這也是善導大師在漢地倡導淨土法門的最大優勢。佛教的修行法門，通稱八萬四千；而在善導大師的修行法門中，卻指引了一條捷徑，就是「入佛報土」；也就是在篤信彌陀本願的大前提之下，淨土行者往生的去處，就是阿彌陀佛的「報土」！

許教授於本書第三章裡，還從明朝蓮池大師的著作中，引介了善導大師留下來的一篇淨土行者利用入睡前時間簡易的用功方法，名為〈善導大師勸修淨土入觀臨睡發願文〉，值得大家參考用功。

二〇二二年五月十五日全球衛塞節（UNDV）

寫於寶島雪山東麓礁溪 東美書軒

【編撰者序】

將佛法帶入尋常百姓家的彌陀化身

武俠小說的高僧最常說的口頭禪往往就是「阿彌陀佛」！這句「阿彌陀佛」不但可以作為問候、驚歎、慶幸或祝福等用語，更可以成為修行的法門。為何「阿彌陀佛」會成為中國人耳熟能詳的一句話？這就不得不提到唐朝善導大師（西元六一三至六八一年）的推廣了。

善導大師被尊為中國佛教淨土宗二祖，更被視為實際創立淨土宗的祖師，撰有《觀經四帖疏》等五部九卷著作。善導大師的核心思想是「本願稱名，凡夫入報」，以「持名念佛」的修持方法為主，簡便易行，進而將佛法帶入尋常百姓家，使得淨土宗在中國佛教史上展現強韌的生命力。

善導大師德學盛大，受到帝王敬仰，庶民齊歸，是一位劃時代的佛教大師；傳說，其為阿彌陀佛在人間的化身。筆者在撰寫本書的過程中，沐浴在善導大師慈悲智慧的光輝之中，身心歡喜，滿懷感恩。

善導大師有深厚的文學藝術才華，其淨土詩偈感人肺腑，西方變相圖莊嚴勝妙，書法墨寶端正凜然，梵唄讚歌則是超世脫塵；尤其是洛陽龍門石窟的盧舍那大佛，可謂是唐朝石刻藝術的巔峰之作，滌蕩世人的心靈。筆者擁有美術博士的專業背景，特別珍惜善導大師為中華文化留下許多無價的藝術瑰寶。

筆者在蒐集資料的過程中，發現相關文獻資料裡關於善導大師的記載，分別有「善導」與「善道」兩種稱呼。例如，《河洛上都龍門山之陽大盧舍那像龕記》記載善導大師為「敕檢校僧西京實際寺善道禪師」；《大唐實際寺故寺主懷惲奉敕贈隆闡大法師碑銘並序》中，關於善導大師的記載則為

「親證三昧大德善導闍梨」。可見，「善道」與「善導」實為同一人，都是指善導大師。在古代，「導」乃「道」的分化字，「道」是「導」的本字，大藏經裡不同版本之「善導」與「善道」的傳記，只要生平內容相似度極高，都應該可以視為善導大師的傳記。

在大藏經裡，關於善導大師的文字記載並不算多，而且不少版本的記載內容明顯不斷重複，有些後期的版本明顯是根據前期版本直接抄錄或者重新增減內容，再流傳於後世。

筆者能夠完成本書，首先要感謝慈濟傳播人文志業基金會賴志銘博士邀請我撰寫《善導大師》。我在湖北黃岡師範學院任職副教授，感謝校方提供給我極為舒適的研究室，及合乎我興趣及研究的教學，讓我能安心寫作；感謝湖北安國寺對我平日的悉心照顧；對於所有支持我的師長和親友們，我也在此一併銘謝。我從小就喜歡跟著母親燒香拜拜與念佛，她的身教給了我人生深深的啟發，引領我走入悲智雙運的佛教世界。願意此寫書功德迴向給我的父母親與家人，感恩父母親的養育之恩，祈願母親身體健康平安，天天歡喜念佛拜佛，諸佛菩薩保佑，並祈願亡父往生阿彌陀佛極樂世界。

願以此功德，普及於一切；
我等與眾生，皆共成佛道。
——《法華經》

二〇二二年歲在壬寅春月
許清原撰於黃岡師範學院厚德樓觀復閣

目錄

示現

遁跡終南悟真寺。未逾數載。觀想忘疲，已成㴱（深）妙；便於定中；備觀寶閣、瑤池、金座宛在目前。涕泗交流舉身投地。

導令辨一莖蓮花，置之佛前，行道七日，花不萎悴即得往生；依之七日，果然花不萎黃，綽歎其湥（深）詣。

人天之樂，猶如電光，須臾即捨，

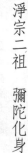

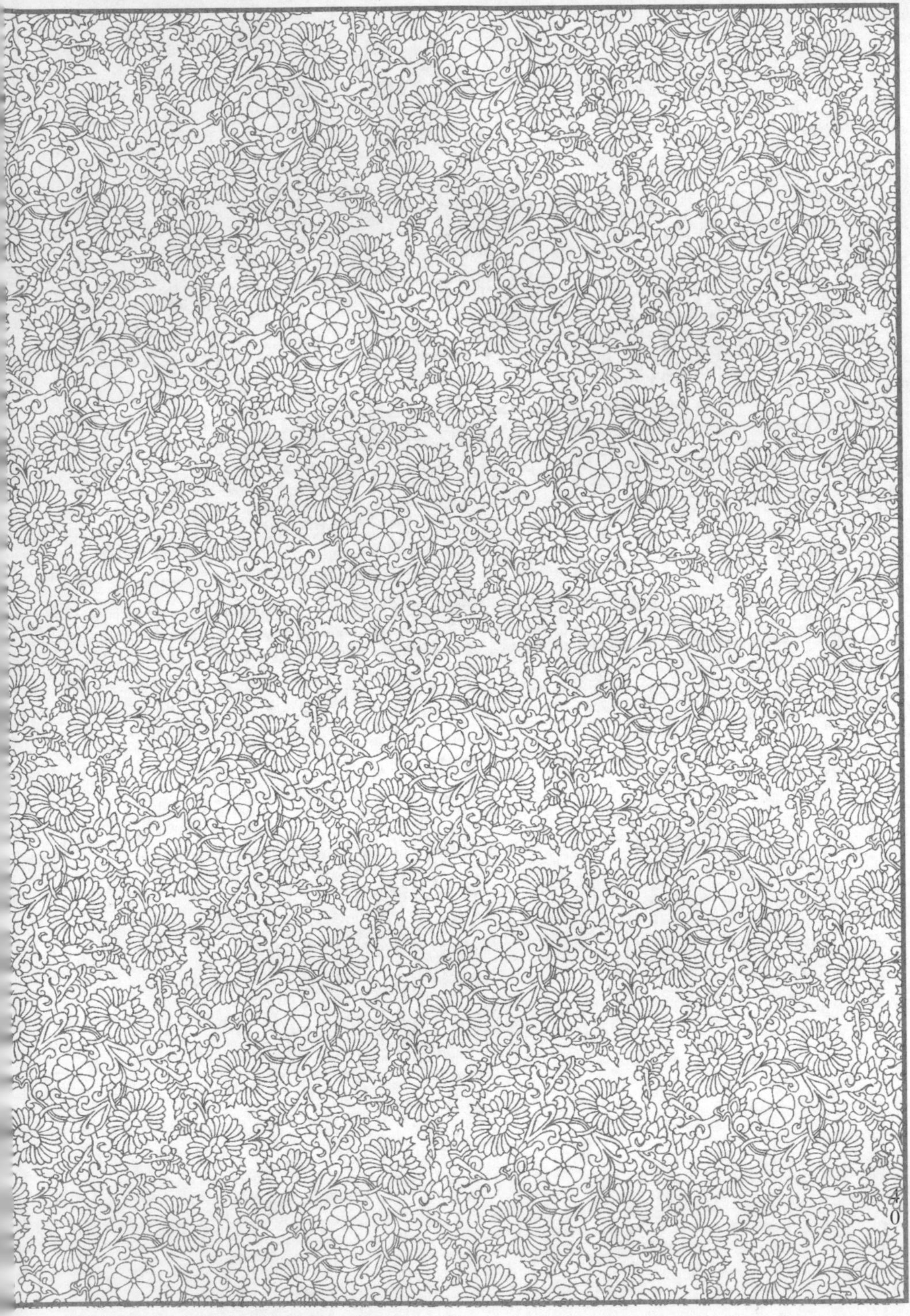

示現

第一章　出家為僧　歸命淨土

遁跡終南悟真寺。未逾數載。觀想忘疲，已成滾（深）妙；便於定中；備觀寶閣、瑤池、金座宛在目前。涕泗交流舉身投地。

出生隋末　佛法興盛

話說隋文帝楊堅（西元五四一至六〇四年）統一天下，結束了魏晉南北朝長達三百多年的戰亂割據，隋朝國力蒸蒸日上，造就天下繁榮昌盛的治世。因為隋文帝年號叫開皇，所以後世稱為「開皇之治」。

然而，隋文帝將政權交到兒子隋煬帝楊廣（西元五六九至六一八年）手上之後，國力便江河日下。隋煬帝楊廣從大業八年（西元六一二年）到大業十年（西元六一四年）對高句麗（位於朝鮮半島的國家）發動三次戰爭；大業九年，隋煬帝第二次率大軍討伐高句麗。就在這一年的戰亂時局中，山東省臨淄縣（今山東臨淄區。另一說為安徽省泗縣）的一戶朱姓人家誕生了一位健康可愛的小男嬰，他就是日後創立佛教淨土宗的善導大師（西元六一三至六八一年）。

善導大師，字淨業，號「終南大師」，或稱「光明和尚」、「淨業和尚」，俗姓朱。從成年時期的善導大師在詩書畫等各方面的超群才能來看，善導大師很可能從童年時期就受到不錯的教育；在兵荒馬亂的歲月裡，他還能夠學習讀書、識字、作詩、寫文、練書法、畫水墨，顯見其家境應該不差。

不過，隋代末年的戰亂動盪，依舊讓善導大師的童年時期見證到了大時代的苦難，救世度眾生的情懷在小小心靈不斷滋長。

善導大師的成長過程，正是隋朝走向衰亡的時期。隋煬帝大興土木，營建東都洛陽、開鑿大運河、造龍舟、修長城、築西苑，耗費隋朝大量財力與人力，勞民傷財；尤其是三次遠征高句麗，傷亡慘重，人民沒有嘗到勝利的甜美果實，卻因百萬隋軍的累累屍骨而痛心。漸漸失去民心的隋煬帝，也就漸漸失去了天下，導致隋朝逐漸走向滅亡之路。

另一方面，善導大師的童年時期也是在佛教興盛的大環境中成長，這得力於隋文帝及隋煬帝對佛教的大力護持。佛教在北周武帝的滅佛運動中受到很大的傷害；隋文帝即位後，不但立即廢止北周毀佛政策，更積極開展修建寺院、重整經像、廣度僧尼、立塔抄經等佛教志業，並頒下「佛教治國策」等，對佛教的全方位護持不遺餘力。

隋文帝的開皇年號從西元五八一年至六〇〇年，歷時二十年，從西元六〇一年起，改年號為「仁壽」。隋文帝對佛教的護持，最為人所熟知的是從仁壽元年到仁壽四年（西元六〇一至六〇四年），隋文帝先後三次分派舍利到各州府。第一次分派舍利是在仁壽元年農曆六月十三日，也就是隋文帝六十大壽當天，隋文帝下令在全國三十個州各建造一座舍利塔來安放佛祖舍利，同時還下了一道詔令，詔令裡提到：

門下仰惟正覺，大慈大悲救護群生，津梁庶品。朕歸依三寶，重興聖教，思與四海之內一切人民俱發菩提，共修福業，使當今現在爰及來世，永作善因，同登妙果。宜請沙門三十人諳解法相兼堪宣導者，各將侍者二人並散官各一人，薰陸香一百二十斤，馬五匹，分道送舍利往前件諸州起塔。

隋文帝在六十大壽當天舉行了一場隆重的法會。他親自從七寶箱取出三十份佛祖舍利，放在龍椅前的御案上，和僧眾燒香禮拜發願；然後將舍利分別放入三十只金瓶中，金瓶再分別放入到琉璃瓶，又以名貴的熏陸香之泥封印其蓋。選擇三十名高僧，每人配以兩名侍者、一個官吏，帶上一百二十斤香，到三十個州府的寺院，奉送佛祖舍利。

隋煬帝同樣篤信佛教，繼承了父親隋文帝以護持佛教的施政方針，積極建寺、度僧、造像，並且支持大量的佛經翻譯。當隋煬帝楊廣還是揚州晉王時，拜智顗大師為師，求受菩薩戒，此事廣為人知。楊廣延請智顗大師到揚州，舉開千僧會的受戒儀式；智顗大師當時即做菩薩戒師，為楊廣授菩薩戒，並授楊廣法號「總持菩薩」，楊廣也敬贈「智者大師」名號；相惜之情，傳為歷史上一段佳話。

由於隋文帝與隋煬帝積極復興佛教，為中國佛教全盛期的唐代佛教打下堅實基礎，兩位帝王對隋唐佛教的貢獻實在功不可沒。

隋文帝與隋煬帝的崇佛，使得隋朝的佛教弘傳十分普遍。出生於隋朝的善導大師從小就生活在這樣一個佛教信仰興盛的大時代背景中，並在心裡種下出世的種子。

出家為僧　取名「善導」

唐高祖武德元年（西元六一八年），善導大師六歲，隋恭帝（西元六〇五至六一九年）楊侑禪讓李淵（西元五六六至六三五年），唐高祖李淵正式稱帝，建立唐朝，隋朝不久後滅亡。善導大師處於改朝換代兵荒馬亂的年代，大時代的動盪不安，百姓生存不易，使得當時年紀尚小的善導大師感悟世間無常國土危脆；但是，佛教為他的心靈帶來了一線光明。於是，善導大師萌生出塵之志，尋求生命裡的桃花源。

唐高祖武德六年（西元六二三年），善導大師十一歲，他選擇在山東密州的明勝法師座下剃度出家。密州（後改諸城縣，即今山東省諸城市）距善導大師出生的臨淄縣不遠。剃度的意義不只是「剃」，更關鍵的是「度」——意思是渡過生死迷惑的大海，而到達覺悟的彼岸；出家為走向覺悟之道，所以剃髮出家也稱為「得度」。根據《佛光大辭典》「得度」詞條所載：

> 蒙受教化，渡越生死之海，而達於涅槃之彼岸。引申為剃髮出家；以出家入道為到達彼岸最初階梯之故。

善導大師累世的善根因緣深厚，小小年紀就得以童真出家，剃髮斬斷三千煩惱絲；不但象徵割斷與俗家塵世的執著，更有重生的積極意義。

明勝法師非常疼惜這位聰明伶俐的孩子，取名為「善導」。從此，這孩子捨下俗家的朱姓，成為佛門釋家的僧人「釋善導」。出家後的小沙彌「釋善導」，如同獲得新的生命一般，展開新的生活。

「善導」二字常出現於佛典之中。例如，《大方廣佛華嚴經．卷七七．入法界品》曰：

> 善男子！善知識者，如慈母，出生佛種故；如慈父，廣大利益故；如乳

母，守護不令作惡故；如教師，示其菩薩所學故；如善導，能示波羅蜜道故。

《佛垂般涅槃略說教誡經．卷一》曰：

我如良醫，知病說藥，服與不服，非醫咎也。又如善導，導人善道，聞之不行，非導過也，汝等若於苦等四諦有所疑者，可疾問之，無得懷疑不求決也。

佛陀將自己比喻為「善導」，有導人善路、善於教導或善於導航等意思；而明勝法師為孩子取名「善導」，似乎在祝福這孩子將來成為眾生的大導師與導航者，期許他成為眾生的善知識，為眾生開示甚深佛法，教導眾生同登極樂世界。

善導大師的剃度師父明勝法師，是南京興皇寺法朗法師（西元五〇七至五八一年）弟子。明勝法師與「三論宗」集大成者嘉祥寺吉藏大師（西元五四九至六二三年）同為法朗法師的座下高足，法朗法師則為南陳京師三論宗宗師級人物，所以善導大師也算是出自佛教名門了。

善導大師隨明勝法師出家成為沙彌之後的大時代環境，其實也不算安定，唐高祖武德九年（西元六二六年），善導大師十四歲，唐高祖頒布了《沙汰佛道詔》，使得全國不少僧人即將面臨還俗的命運。

不過，同樣在武德九年，唐高祖李淵退位，唐太宗李世民登基，貞觀之治開啟了大唐盛世，善導大師面臨的危機變為轉機。日後，唐太宗李世民對於善導大師的淨土宗弘法志業有莫大幫助。

在歷經《沙汰佛道詔》的短暫危機之後，善導大師繼續跟隨明勝法師學習佛法。明勝法師是三論宗的學匠；三論宗是中國大乘佛教八大宗派之一，因依據印度龍樹菩薩的《中論》、《十二門論》和提婆的《百論》三部論典立宗而得名。

此外，明勝法師也被視為「四論宗」的法將，而「四論宗」在中國佛教也可以被視為是「三論宗」系統下的一派；也就是在「三論宗」的《中論》、《十二門論》和《百論》的基礎上，再加上《大智度論》，合稱為「四論」，故得「四論宗」之名。

據傳，明勝法師曾經在中國北地弘揚四論宗，據《中華佛教百科全書》的「四論宗」詞條所載：「唐代時，雖有南地三論的驍將法朗之徒明勝，在北地宣導四論義，但事蹟不詳。」世人稱四論宗的的弘揚者為「北土三論師」或「北土智論師」，明勝法師所弘揚的四論宗是以曇鸞大師為開祖；曇鸞大師駐錫的山西玄中寺，正是善導大師日後修學「稱名念佛」法門的關鍵性道場。這其中的甚深因緣不可思議。

善導大師在這樣的環境薰陶中，出家之後一開始學習「三論宗」的經典，然後再學習《法華經》、《維摩詰經》及其他大乘經典，如《新修往生傳・

卷二》記載：「幼投密州明勝法師出家，誦《法華》、《維摩》。」他在明勝法師的栽培下，享受自由的學風與多方面的佛法教育。

善導大師在沙彌階段所學習與讀誦的《法華經》，即為《妙法蓮華經》的簡稱，被譽為「經中之王」。《妙法蓮華經》說的是「一乘圓教」，屬於「開權顯實」的圓融教法，倡聲聞乘、緣覺乘、菩薩乘同歸一佛乘，主張一切眾生悉有佛性，不分貧富貴賤、智愚善惡，人人皆當作佛，以成佛為目標。所以，《妙法蓮華經．常不輕菩薩品》講了一位名號「常不輕」的菩薩，對誰都不輕慢；為什麼呢？「我不敢輕於汝等，汝等皆當作佛。」

在善導大師還是沙彌的階段，雖然很難確定明勝法師是否教導過他《無量壽經》、《觀無量壽經》或《阿彌陀經》，但他平日所讀誦的《妙法蓮華經》的經文內容已經談到極樂世界與阿彌陀佛了。例如，《妙法蓮華經．卷六．藥王菩薩本事品》云：

> 若如來滅後後五百歲中，若有女人聞是經典，如說修行。於此命終，即往安樂世界，阿彌陀佛、大菩薩眾，圍繞住處，生蓮華中，寶座之上，不復為貪欲所惱，亦復不為瞋恚愚癡所惱，亦復不為憍慢嫉妒諸垢所惱，得菩薩神通、無生法忍。得是忍已，眼根清淨，以是清淨眼根，見七百萬二千億那由他恒河沙等諸佛如來。

又例如：《妙法蓮華經．卷三．化城喻品》云：「西方二佛，一名阿彌陀，二名度一切世間苦惱。」雖然善導大師在沙彌階段就知道極樂世界與阿彌陀佛了，但此時年紀尚小的善導大師，尚未意識到他日後將會終其一生專修「稱名念佛」的淨土法門。而《妙法蓮華經．卷一．方便品》：「一稱南無佛，皆已成佛道。」也似乎在無形之中啟發著善導大師日後推動「稱名念佛」的偉大志業。

《維摩詰經》是善導大師在沙彌階段學習的另一部重要經典，亦名《維摩詰所說經》、《維摩詰所說不可思議解脫經》。維摩詰是佛教著名在家居士，傳說是金粟如來的應化身，其故事內容主要是敘述：維摩詰居士稱病在家，佛陀知道後便特派文殊菩薩及眾多弟子等去維摩詰精舍探病；文殊菩薩與維摩詰居士在探病過程中，兩人道盡機鋒、妙語如珠而語驚四座，這就是著名的「文殊問疾」。

整部《維摩詰經》批評小乘思想、宣揚「不二」法門的大乘思想，讚揚大乘菩薩行。善導大師在學習與讀誦《維摩詰經》時，同樣也讓他瞭解到阿彌陀佛的存在，例如：《維摩詰所說經．卷二．觀眾生品》：

此室釋迦牟尼佛、阿彌陀佛、阿閦佛、寶德、寶炎、寶月、寶嚴、難勝、師子響、一切利成，如是等十方無量諸佛，是上人念時，即皆為來；廣說諸佛祕要法藏，說已還去，是為七未曾有難得之法。

〈觀眾生品〉中出現了阿彌陀佛名號，說到阿彌陀佛就會想到極樂淨土，一佛一國土。此外，《維摩詰所說經．卷一．佛國品》：「若菩薩欲得淨土，當淨其心；隨其心淨，則佛土淨。」不過，其中蘊含「心淨則佛土淨」的淨土思想與善導大師日後極力弘揚的「稱名念佛」思想，還是有所不同。

金粟如來應化身的維摩詰經居士，在唐朝深受文人喜愛。例如，比善導大師晚出生的詩佛王維（西元七〇一至七六一年），其字為「摩詰」，名字合之即「維摩詰」；而詩仙李白（西元七〇一至七六二年）則寫出「金粟如來是後身」的豪邁詩句，將自己比喻為維摩詰居士。善導大師對《維摩詰經》了然於心，有利於他與唐朝文人士大夫的交往，並有助於日後推動淨土宗的弘法志業。

其實，從魏晉南北朝到隋唐時期，《妙法蓮華經》與《維摩詰經》就特別流行，也受到三論宗的祖師的重視。例如，吉藏大師一生曾講《法華經》、

《維摩詰經》多遍，並各著注疏行世。他著有《法華經玄論》十卷、《法華經義疏》十二卷、《法華經統略》六卷、《法華論疏》三卷、《維摩經遊意》一卷、《維摩經義疏》六卷、《維摩經略疏》五卷等。所以，出身於三論宗的明勝法師教導善導大師學習《妙法蓮華經》與《維摩詰經》，也有其時代背景因緣。

明勝法師非常欣賞善導大師的氣宇非凡；儘管明勝法師已至暮年，但是對善導大師惜才心切，循循善誘，隨事導引；而聰慧勤學的善導大師不負師父期望，精進修學，進步神速，明鑒知微，拔群出類。

善導大師資質過人，青年時期追隨明勝法師，除了學習各種的大乘經典，也很可能有繼續學習書法、繪畫、詩詞等學科，培養文人該有的學養與才藝，為他日後充滿文學與藝術內涵的弘法方式打下堅實基礎。

偶遇變相　歸命淨土

善導大師在沙彌階段學習的這些大乘經典，都在彰顯行菩薩道而成佛的道理；經歷數年的靜心修學後，他逐漸打下大乘佛法基礎。不過，慧根深厚的善導大師並未以此為滿足；面對佛教無量的修行法門，希望能抉擇出一個與自己最契機且最相應的修行法門，並以自己的餘生潛心修學方為上策。

善導大師覺得佛教教門眾多，倘若修行法門不契合自己的機宜，就可能枉費功夫。他總是在思索著：一切眾生與自己如何能一生不退轉而成佛？是否有適合一般平民百姓修持的簡易法門？何時才能遇到自己不惜身命來奉獻的修行法門？諸多問題與疑惑，不斷地在善導大師年輕的心靈圍繞著，等待真實答案出現的那一刻。

直到十八歲時的一次偶然機緣中，善導大師第一次看到了《西方變相圖》。他的雙眼被《西方變相圖》給吸引住了，比起平時閱讀白紙黑字的佛經，眼前的彩色繪畫第一次出現在善導大師面前，確實令善導大師愛不釋手，感到無比興奮；善導大師像個天真浪漫的孩子對畫作充滿了好奇心，仔細端詳著畫中的一切，深怕錯過了畫中的任何一個細節。善導大師原本就擅長畫畫，有很高的藝術造詣，他對眼前這幅美麗莊嚴的《西方變相圖》有著行家獨到的眼光。

首先映入善導大師眼簾的是端坐畫面中央的阿彌陀佛。阿彌陀佛（Amitābha，有「無量光」、「無量壽」之意）又稱為「無量壽佛」，是西方極樂世界的教主。阿彌陀佛的端嚴寶相，寶髻高聳，雙手結禪定印，端身結跏趺坐於大蓮花座上，頂上有二重寶蓋，上飾垂縵、珠寶，背後為頭光及身光。左右脅侍的觀世音菩薩和大勢至菩薩則分列兩邊；觀音菩薩手持玉淨瓶與楊柳枝，大勢至菩薩則是手持清淨蓮花。阿彌陀佛與觀世音、大勢至二菩薩統稱為「西方三聖」，三聖端身於蓮座之上，令善導大師由衷生起恭敬之心。

接著，善導大師仔細端詳，聖眾菩薩羅列兩旁，均盛裝華服、長衲曳地，瓔珞玉佩垂掛；看那諸大善人、善知識都聚會於極樂世界，往生淨土的行者呈現歡喜相，人人都顯得自在祥和，法喜充滿。《西方變相圖》裡還有那黃金鋪地、宮殿樓閣、七重行樹、七寶池、八功德水等莊嚴聖境交相輝映，池中蓮花大如車輪，畫中呈現淨土行人花開見佛的場景。

善導大師歷經過戰亂的苦難，眼前依正莊嚴的極樂世界，華美富足，成為他心目中理想的清淨國土，也是他魂縈夢牽的最美桃花源。

與一般人的走馬看花不同，善導大師目不轉睛地端視著《西方變相圖》的每個細節，極樂聖境的畫面使得善導大師內心受到極大震撼，身心完全融入畫中，回味無窮，久久才從畫中回神過來，驚歎不已。

十八歲的善導大師心中似乎感應到阿彌陀佛慈父的聲聲呼喚，見到《西方變相圖》之後，終於解答了心中多年的疑惑，從此欣慕西方極樂世界的莊嚴殊勝，發下往生西方淨土之弘願，此生不渝，持之以恆，再也忘不了《西方變相圖》的種種畫面，極樂世界聖境常常縈繞於腦海之中。一張意義深遠的畫作，竟然改變了善導大師的一生，可見宿世善根之深厚。根據《往生西方淨土瑞應傳．卷一》記載：「時見西方變相嘆曰：『何當託質蓮臺，棲神淨土。』」可見他是多麼想把此身寄託於極樂世界的七寶蓮臺、神識棲居於西方淨土啊！

善導大師在佛教八萬四千法門裡尋尋覓覓的過程，看似山窮水複疑無路，找不到答案；沒想到，偶遇《西方變相圖》之後，讓他真的找到最適合自己修行的理想法門，喜極而泣。善導大師看到《西方變相圖》的深刻內涵，發起了廣度眾生的大菩提心，祈願一切眾生皆能往生極樂世界，花開見佛悟無生，遠離輪迴之無邊苦海。

善導大師所見的《西方變相圖》屬於「變相」的一種形式。「變相」亦稱為「變繪」，或簡稱做「變」，意思是陳述佛、菩薩或聖人的「神變」之「相」，也就是把佛教故事中的典故、事件，或佛經描述的世界概貌，如地獄、淨土等，以繪畫、雕刻等藝術形式，來作為傳播佛法的載體。因為《西方變相圖》描繪的內容是與淨土有關，所以有時也稱為《淨土變相圖》。

根據《佛光大辭典》解釋，淨土變相圖又作淨土變、淨土圖，俗稱淨土曼荼羅。指描繪淨土佛菩薩、聖眾及種種莊嚴施設等，以呈現淨土景象之圖像或雕刻。變有二義，即：（一）動之義，圖畫不動而畫極樂種種動相，故稱變相。（二）變相之義，繪淨土種種之相而令變現。淨土變相係由於淨土信仰之流行而產生，隨著藥師、觀音、彌勒等信仰之盛行，亦出現不少種類之淨土變。描繪西方極樂世界的《西方變相圖》也可以說是《西方淨土變相圖》，用繪畫形象化手法將淨土佛經中的深奧思想與故事表現出來，宣揚佛法。

在唐代，當時佛教流行「俗講」的宗教性說唱藝術，其主講者稱為「俗講僧」。俗講的傳教方式，是按照「變文」加以說唱並用。所謂「變文」，是指唐代興起的一種講唱文學，變文文體是由散文及韻文交替組成，以鋪敘佛經義旨和故事為主，將高深佛法變得通俗易懂。俗講僧在關鍵性的故事情節精彩處，可以將變文結合變相圖，讓俗講達到視覺與聽覺融合的享受，並加深信徒的印象與弘法效果，增添不少講經說法的樂趣。即使不在俗講的時刻，變相圖依然可以掛在寺院裡面。

善導大師或許就是在這樣的時代背景流行風氣下，有機會接觸到《西方變相圖》，欣賞到呈現阿彌陀佛極樂世界種種淨土莊嚴的圖畫，而受到震撼與感動不已。

此外，繪製變相圖的風氣在唐代初期的民間已經十分興盛；所以，善導大師欣賞到的《西方變相圖》，也有可能是他所認識的畫僧、畫師親筆手繪，然後分享給他欣賞或禮拜的。以善導大師的繪畫才華，也很有可能進一步開始臨摹《西方變相圖》，為他日後的弘法利生打下基礎。

受比丘戒　初遇《觀經》

善導大師歷經沙彌的學習階段之後，到了二十歲的時候，依止於妙開律師受具足戒，成為一位正式的比丘，並修學相關戒律。

按《四分律》所載，比丘戒有二百五十條，佛教稱善解戒律僧人為「律師」，善於審察判別持戒或犯戒。唐朝道宣律師的《四分律行事鈔資持記·卷下》曰：「一字者，律字；以律訓法總合大、小、開、遮、輕、重，故雖通博，指歸一字。」善導大師在妙開律師指導下，形塑他一生持戒精嚴的德行，《淨土聖賢錄》稱讚善導大師：「護持戒品，纖毫不犯。」

善導大師在受比丘戒之後，仍然念念不忘西方淨土。某日因緣成熟，善導大師與妙開律師入於藏經樓中。面對浩瀚如海的經典，善導大師於大藏經前默禱祈願佛力加被、指導所向，即於大藏經中信手取經書，結果拿到了《觀無量壽經》，兩人歡喜共看此經。

善導大師初遇此經竟然猶如醍醐灌頂，又驚又喜，歎未曾有，廓然大醒，對淨土法門的信心與體會再上一層樓。《往生西方淨土瑞應傳·卷一》記載，當時善導大師悲喜交嘆地說：「修餘行業，迂僻難成；唯此觀門，定超生死。」善導大師深刻地體認到《觀無量壽經》的無比殊勝，讚歎《觀無量壽經》的修行方法真是入佛地之要道，認為修行其他的法門迂回曲折、行持艱困，難以成就；唯有此十六觀門的淨土法門，可以迅速地超脫生死輪迴。

比起十八歲時初見《西方變相圖》的感動，《觀無量壽經》為善導大師帶來了實際修行的要訣；他認為自己得到了最適合自己的修行法門，而且掌握了實際修行的方法與要領，完全接受觀佛、念佛必生極樂世界。自此，善導大師堅持依《觀無量壽經》修習十六觀門，思惟西方勝境，精進勇猛，堅持不懈。

在隋唐之初，《觀無量壽經》其實是很受歡迎的佛教經典之一，善導大師能接觸到《觀無量壽經》，也有大時代的背景因緣。《觀無量壽經》，亦稱《佛說觀無量壽佛經》、《觀無量壽佛經》、《十六觀經》或《觀經》，由南北朝劉宋時代譯經家畺良耶舍（西元三八三至四四二年）譯出，在隋唐之初是廣為流傳的經典之一。

從初遇《觀無量壽經》之後，善導大師一生的修行、弘法、著作、繪畫或詩歌創作等各方面幾乎都與《觀無量壽經》有關。《觀無量壽經》對善導大師的影響是如此的巨大而持久。《觀無量壽經》的相關故事情節，善導大師早已銘記於心，倒背如流。於此簡述如下——

世尊在王舍城的耆闍崛山上，與一千二百五十名大比丘及三萬二千名菩薩在一起，其中以文殊師利菩薩為上首。

那時，古印度摩揭陀國首都的王舍城裡，有一個名叫阿闍世的太子。他聽從惡友提婆達多的教唆，捉拿了他自己的父親頻婆娑羅王，並把他關閉在七重牢房中，奪取王位後成為阿闍世王，並且下令大臣們不得前往探望國王及提供食物，想要把親生父親活活餓死。

頻婆娑羅王的皇后是韋提希夫人，同時也是阿闍世王的母親。為了使頻婆娑羅王不被餓死，她在沐浴淨身後，在身上塗抹酥蜜和麥粉，並在佩戴的瓔珞飾物中盛滿葡萄漿，悄悄地去探望被囚禁的頻婆娑羅王，讓頻婆娑羅王得以進食。從牢房的窗戶可以遠遠見到世尊說法的耆闍崛山；每當頻婆娑羅王進食之後，便會合掌恭敬地面向耆闍崛山，遠遠地禮拜世尊，並且請求目犍連尊者為他授八關齋戒。目犍連尊者天天來到頻婆娑羅王牢房內為他授八關齋戒，世尊也派遣富樓那尊者來為頻婆娑羅王演說佛法。

經過了二十一天，阿闍世王來到牢房詢問看守的門衛：「父王現在還活著嗎？」門衛據實回答。阿闍世王得知韋提希夫人、目犍連尊者、富樓那尊者幫助頻婆娑羅王，極其憤怒，執利劍欲殺害自己的母親韋提希夫人。幸好月光及耆婆兩位大臣出面，制止阿闍世王做出殺害母親這種大逆不道的事，認為這是玷汙剎帝利種的事，不堪耳聞，他們不願繼續為阿闍世王效力。阿闍世王驚怖惶懼於大臣們捨他而去，懺悔求救，扔掉利劍，決定不殺害母親，但是下令將母親禁閉在深宮中。

韋提希被幽禁後，愁憂憔悴；她面向耆闍崛山，遠遠地禮拜世尊，祈求世尊派遣目犍連尊者與阿難前來相見。很快地，世尊全身放光出現在韋提希眼前，目犍連立在世尊的左側，阿難立在世尊的右側，帝釋、梵王、護世等守護神出現在虛空中，天花紛飛。

韋提希夫人一見世尊，五體投地，哭喊自己生下了這樣凶惡的兒子，深感罪孽深重；她不願住在這充滿惡人的五濁惡世，祈求世尊為她開示可以往生的無憂惱處，願佛力教她觀於清淨業處。世尊放眉間金色光，光明遍照十方無量世界，這光又折返回來，罩定在佛頂之上，化為一座金臺，十方諸佛的無數淨土都在金臺中顯現，令韋提希親眼得見。

韋提希夫人在無數佛國淨土中，特別樂於往生阿彌陀佛的極樂世界，因此祈願世尊教她往生極樂世界的思惟與正受方法。世尊隨即破顏微笑，口中射出五彩光芒，一一光芒照射在牢房中的頻婆娑羅王頭頂上，使他可以「心眼」遙望世尊，並證得了阿那含果位。

世尊對韋提希夫人開示往生極樂世界應當修行的三種福業：

一者、孝養父母，奉事師長，慈心不殺，修十善業；二者、受持三歸，具足眾戒，不犯威儀；三者、發菩提心，深信因果，讀誦大乘，勸進行者。

這三種福業是往生極樂世界的淨業正因。接下來，世尊應韋提希夫人之勸請，講述往生西方極樂世界的十六種觀想法門，稱為「十六觀」，依序為：日想觀、水想觀、地想觀、寶樹觀、寶池觀、寶樓觀、華座觀、像想觀、真身觀、觀音觀、勢至觀、普觀、雜想觀、上輩觀、中輩觀、下輩觀。

世尊說如是經時，韋提希夫人與五百名侍女聽聞世尊的慈悲開示，當即見到了極樂世界開闊廣長、超勝獨妙之景象，並見到了阿彌陀佛的真金色身，以及觀音、勢至二大菩薩，心生大歡喜，感歎見所未見，豁然大悟，得「無生法忍」，通達諸法無生滅性。五百侍女都發起阿耨多羅三藐三菩提心，願往生西方極樂世界，世尊當下授記她們皆當往生。

世尊說此經名為《觀極樂國土無量壽佛觀世音菩薩大勢至菩薩經》，也叫《淨除業障生諸佛前經》，囑咐阿難應當受持，無令忘失；世尊並且強調修行觀佛三昧，今生之世便得見到阿彌陀佛與觀世音、大勢至二大菩薩，同時也讚歎修持念佛法門的諸多殊勝功德利益。目犍連尊者、阿難尊者以及韋提希等人聽了世尊的開示，皆大歡喜；世尊則是腳踏虛空，回到了耆闍崛山。

以上為《觀無量壽經》的故事概述。

修十六觀　安心正念

《觀無量壽經》有明顯的他力特色。善導大師初遇《觀無量壽經》之後，精進修行，潛修《觀無量壽經》所載十六觀，憶念無量壽佛之身與淨土，恆諦思維觀想西方勝境，與阿彌陀佛的慈悲願力和合，仰仗佛力攝持，祈願往生西方淨土，了脫生死，超越累劫的生死苦海。所以，想要瞭解善導大師，就離不開《觀無量壽經》。

在《觀無量壽經》裡，世尊告訴韋提希夫人：「汝是凡夫，心想羸劣，未得天眼，不能遠觀；諸佛如來有異方便，令汝得見。」韋提希夫人在佛力的加持下親眼目睹極樂世界依正莊嚴，但她憐憫未來五濁惡世眾生沒有世尊的親自加持，於是向世尊請法：「世尊！如我今者，以佛力故見彼國土。若佛滅後，諸眾生等，濁惡不善，五苦所逼，云何當見阿彌陀佛極樂世界？」在韋提希夫人提問之後，世尊於是為韋提希夫人開示了眾生往生西方的十六種觀。十六觀，又作十六觀法、十六想觀、十六妙觀、十六正觀、十六觀門。

根據《觀無量壽經》的描述，簡略說明如下：

一、日想觀：專心繫念一處，想於西方，正坐西向，諦觀於日，令心堅住，專想不移；見日欲沒，狀如懸鼓，既見日已，開目閉目皆令明瞭。

二、水想觀：觀西方皆是大水，見水澄清，亦令明瞭，無分散意；既見水已，當起冰想，見冰映徹，作琉璃想。

三、地想觀：觀想極樂國土之琉璃地內外映徹，觀想地下有金剛七寶金幢撐起琉璃地，地上則有黃金繩交織其間，一一寶中皆有五百色光，其光如花。

四、寶樹觀：觀極樂國土有七重行樹，七寶花葉無不具足；一一花葉作異寶色，又一一樹上有七重網，一一網間有五百億妙華宮殿。

五、寶池觀：觀想極樂世界的八功德水，一一水中有六十億七寶蓮花，摩尼水流注其間演妙法；如意珠王的光化為百寶色鳥，常讚念佛、念法、念僧。

六、寶樓觀：又名「總觀想」。觀想眾寶國土，一一界上有五百億寶樓，並且有無量諸天作天伎樂；又有樂器，懸處虛空，如天寶幢，不鼓自鳴。

七、華座觀：又作「華座想」。觀想西方三聖所坐的華座莊嚴相，於七寶地上作蓮花想，令其蓮花一一葉作百寶色，有八萬四千脈，猶如天畫。

八、像想觀：觀想阿彌陀佛的像，閉目開目見一寶像坐蓮花上，見極樂國七寶莊嚴；然後觀想觀世音菩薩像坐左蓮花座，大勢至菩薩像坐右蓮花座。

九、真身觀：觀無量壽佛身相光明，見眉間白毫相者，八萬四千相好，自然當現；見無量壽佛者，即見十方無量諸佛，是為遍觀一切色身相。

十、觀音觀：觀想觀世音菩薩真實色身相，先觀頂上肉髻，次觀天冠。此菩薩身紫金色、頂有肉髻、項有圓光面各百千由旬，其圓光中有五百化佛。

十一、勢至觀：是為觀大勢至菩薩色身相，頂上肉髻如缽頭摩華，於肉髻上有一寶瓶，盛諸光明，普現佛事；餘諸身相，如觀世音，等無有異。

十二、普觀：觀想自己生於西方極樂世界，於蓮華中結跏趺坐；蓮花開時，有五百色光來照身；眼目開時，見到佛菩薩遍滿虛空。

十三、雜想觀：先觀阿彌陀佛的一丈六像在池水上，或現大身滿虛空，所現之形皆真金色；觀世音菩薩及大勢至菩薩，於一切處，身同眾生。

十四、上輩觀：上輩往生可再分為上、中、下三品。其中上品上生者，發三種心：一者至誠心、二者深心、三者回向發願心，能於諸佛前次第授記。

十五、中輩觀：中輩往生可再分為上、中、下三品。其中中品上生者，受持五戒、持八戒齋、修行諸戒等，以此善根，回向願求生於西方極樂世界。

十六、下輩觀：下輩往生可再分為上、中、下三品。其中下品下生者，雖造作惡業，如是至心，令聲不絕，具足十念，稱「南無阿彌陀佛」。

《觀無量壽經》以觀想佛土、佛像等為入門法則。善導大師每日用功，功夫漸深，法喜充滿；歷經數載之後，已經能入於禪定中進行十六觀的觀想，於定中備觀極樂世界的樓閣、金臺、寶樹、寶池等境界，歷歷在目，從此信心更加堅定不移。

十六觀的「觀」不離「止」；「觀」為梵語「毗婆舍那」（vipaśyanā）之意譯，「止」則為梵語「奢摩他」（śamatha）之意譯，止與觀有互相助成的作用，修行因止觀而成就定慧。

以《觀無量壽經》的「日想觀」為例，善導大師以圓滿的日輪繫心，使心得止於一處，成就奢摩他，能於禪定中起觀想。善導大師於《觀無量壽佛經疏．卷三》云：

欲令眾生識知彌陀依正二報，種種莊嚴光明等相，內外照曜，超過此日百千萬倍。行者等若不識彼境光相者，即看此日輪光明之相。若行住坐臥，禮念憶想，常作此解。不久之間，即得定心，見彼淨土之事快樂莊嚴。為此義故，世尊先教作日想觀也。

行住坐臥之間，繫念不忘，等到能夠繫心一處，就得到「定心」，日想觀的觀想也得以成就，見彼西方淨土之事快樂莊嚴。不過，善導大師勸說修行人在此過程中切莫貪求禪定之樂：

行者初在定中見此日時，即得三昧定樂，身心內外融液，不可思議。當見此時，好須攝心令定，不得上心貪取；若起貪心，心水即動，以心動故淨境即失。

貪求禪定的快樂，會使得淨土行者喪失清淨境界；反之，若能安心正念，靜心還現，就能達到「日想觀」的觀日見日，心境相應之「正觀」。

前往廬山 瞻禮慧遠

善導大師對西方淨土的深厚信心與體會，使他開始仰慕淨土宗初祖慧遠大師（西元三三四至四一六年）在江西廬山東林寺結社念佛的高風尚德。

東晉安帝元年，慧遠大師創立廬山白蓮社，建齋立誓，率眾精進念佛，求生彌陀淨土，為使僧俗四眾修行精進，於東林寺鑿池，製作計時的刻漏，稱為「蓮華漏」，時時提醒蓮社的淨土行人慎勿放逸。南朝梁僧慧皎法師所撰的《高僧傳．卷六》記載：「（慧）遠有弟子慧要，亦解經律而尤長巧思。山中無刻漏，乃於泉水中立十二葉芙蓉，因流波轉以定十二時，晷景無差焉。」唐李肇《唐國史補．卷中》則記載：

初，惠遠以山中不知更漏，乃取銅葉製器，狀如蓮花，置盆水之上，底孔漏水，半之則沉；每晝夜十二沉，為行道之節。雖冬夏短長，雲陰月黑，亦無差也。

慧遠大師製作銅葉蓮華十二葉置於水盆上，底孔水半之則沉，以定晝夜十二時，此稱「蓮華漏」，作為精進念佛修行的時間表，表現出慧遠大師帶領大眾修行的一片苦心。善導大師日後創建淨土宗時訂六時行法，展現出與慧遠大師同樣的晝夜精進修行。

當時有一百二十三位名士大德加入東林寺蓮社。慧遠大師於蓮社中設西方三聖像，並讓劉遺民居士作〈往生發願回向文〉刻於石碑之上，王喬之居士等作〈念佛三昧〉詩，使蓮社成為往生極樂世界的先修班。《樂邦文類．卷三》的〈蓮社始祖廬山遠法師傳〉記載：

（慧）遠於淨土克勤於念，初十一年，澄心繫想，三覩聖相，而遠沉厚不言。後十九年七月晦日，於般若臺，方從定起，見彌陀佛身，滿虛空，圓光之中有諸化佛，觀音勢至左右侍立。

簡言之，慧遠大師自入廬山定居於東林寺三十二年間，在最初的十一年裡，曾三次念佛面睹阿彌陀佛的聖相，但從未告知他人。晉義熙十二年七月三十日晚，大師於般若臺上坐禪入定，親見阿彌陀佛身滿虛空；圓光之中有諸化佛顯現，觀世音、大勢至二菩薩左右侍立。

慧遠大師與善導大師相距約二百多年；慧遠大師的眾多念佛感應事蹟讓善導大師感觸良多，心中感慨不能躬逢盛會。據傳，善導大師於是專程前往廬山東林寺，瞻禮慧遠大師萬古流芳的遺蹟與遺範，拜般若臺、觀白蓮池，緬懷慧遠大師遺風，為慧遠大師的德行與事蹟所感動，身心豁然。廬山東林寺之行使得善導大師了卻一樁心願，同時也更鼓舞著對西方極樂世界思念嚮往的心。

與善導大師同時代的唐代高僧道宣律師所寫的《續高僧傳》，是關於善導大師的最早傳記，內容應最為可信；然而，《續高僧傳》以及比善導大師晚一百多年出生之唐代高僧少康大師（西元七三六至八〇五年）所寫的《瑞應刪傳》，都沒有關於善導大師前往江西廬山瞻禮慧遠大師遺蹟的記載。但是，依據宋代王古輯撰的《新修往生傳．卷二》記載：「欣惠遠法師勝躅，遂往廬山觀其遺範，乃豁然增思。」《新修往生傳》又稱《新修淨土往生傳》，此書成於宋神宗元豐七年（西元一〇八四年），談到善導大師到廬山瞻仰慧遠大師之後，感應道交，豁然開朗，打開了修行的更大思路。

唐代義淨大師（西元六三五至七一三年）承繼著玄奘大師印度取經的求法精神，成為首位從「海上絲綢之路」赴印度的中國僧人；他經由南海，過麻六甲海峽，到斯里蘭卡和印度，與鳩摩羅什、真諦大師、玄奘大師並稱為中國「四大譯經家」。

義淨大師的《大唐西域求法高僧傳》成書於天授二年（西元六九一年），距離善導大師圓寂只有十年。《大唐西域求法高僧傳．卷二》記載：

苾芻貞固律師者……復往荊州歷諸山寺，求善知識希覓未聞，復往襄州，遇善導禪師，受彌陀勝行。

「苾芻」即是比丘，苾芻貞固就是指貞固法師。善導大師在前往江西東林寺的朝聖之路上，可能當時就途經湖北的襄州，也可能日後至襄州弘法；善導大師在襄州傳授彌陀勝行的弘法事蹟應該是極為成功的，並且有機會指點了貞固法師阿彌陀佛的殊勝淨土法門。因緣際會，義淨大師得以將善導大師的這段殊勝事蹟記錄了下來。

廬山東林寺現任住持大安法師在〈淨宗初祖與二祖的精神血脈相承〉一文中談到，淨宗二祖善導大師與淨宗初祖慧遠大師的跨時空因緣，可以看出兩位大師跨時空的精神血脈相承的關係。第一個精神相承是，慧遠大師持戒精嚴、尊重戒律的特質，同樣在善導大師身上得到很好的的體現。第二個精神相承是，慧遠大師在東林寺三十年潛心修學，送客不過虎溪；這種對西方淨土的一往情深，同樣是善導大師始終不變的堅持。第三個精神相承是，慧遠大師身上有許多不可思議的「感應道交」事蹟，在善導大師身上同樣不遑多讓。

善導大師在精神上繼承了慧遠大師，展現淨土行人如蓮花般的清淨德行與風範，淨土宗的初祖與二祖兩顆明星，光芒遙相輝映。

遁跡終南　悟真聖地

江西廬山東林寺慧遠大師宣導的念佛三昧，是依《般舟三昧經》修定中念佛三昧而現見阿彌陀佛。《般舟三昧經》曰：「自念佛無所從來，我亦無所至」，亦即瞭解諸佛現前皆是唯心所造的幻有，實則本性空寂。慧遠大師的念佛與般若智慧的空性見相應，屬於「實相念佛」。

善導大師在完成了參訪江西廬山東林寺的心願之後，身心豁然，本有留滯東林寺修行之心意；但是，善導大師覺得自己更適合《觀無量壽經》的念佛修行方法，於是決定離開淨土聖地東林寺，尋求一個與自己修行法門相應的道場。根據《新修往生傳．卷二》記載：「自後歷訪名德，幽求妙門，功微理淡（深）未有出般舟三昧者，畢命斯道後遁跡終南悟真寺。」

貞觀九年（西元六三五年），善導大師二十三歲，結束了周遊寰宇、求訪道津之行，決定隱居於陝西終南山悟真寺，長期駐錫修行，繼續修行十六觀。

西安市古稱「長安」，悟真寺在現今西安市東南約五十公里的藍田縣境內，寺依終南山北麓。終南山位於陝西省境內秦嶺山脈中段，聳立在西安市之南，山清水秀，奇石疊巒，古松蒼翠，峻拔秀麗，山大溝深，水源充沛，林木茂密，野果滿山。有「詩佛」之稱的唐代大詩人王維曾遊歷終南山，並留有五言律詩〈終南山〉：

太乙近天都，連山接海隅；白雲回望合，青靄入看無。
分野中峰變，陰晴眾壑殊；欲投人處宿，隔水問樵夫。

終南山自古以來就有隱居修道的傳統，茅篷岩洞林立；獨特的地理環境與歷史因素，使得終南山被視為一處修行聖地，歷代多有佛教大師在此修行與弘法，例如譯經大師鳩摩羅什、華嚴宗師杜順和尚、律宗祖師道宣律師等。淨土宗十三祖印光法師則是出家於終南山大峪蓮花古洞，在精神上也有傳承淨土宗二祖善導大師在終南山精進修行的意義。

在二十三歲的善導大師來到悟真寺之前，悟真寺已經是知名的佛學重地。鳩摩羅什（西元三四四至四一三年）的弟子道恒法師（西元三四六至四一七年）帶了很多佛教經典在終南山藍谷建立了「悟真山舍」，鳩摩羅什的另一位傑出弟子道生法師（西元三五五至四三四年）也曾經在此修行。隋代開皇十三年（西元五九三年），隋文帝令「於諸州名山之下各設僧寺一所，並賜莊田。」

開皇十四年（西元五九四年），淨業法師得到曇遷禪師舉薦，奉詔興建悟真寺。道宣律師在《續高僧傳．卷十二》記載：「開皇中年，高步於藍田之覆車山，班荊採薇，有終焉之志。諸清信士，敬揖戒舟為築山房，竭誠奉養，架險乘懸，製通山美，今之悟真寺是也。」開皇中年，即指隋文帝開皇年間（西元五八一至六〇〇年），距今已有一千四百多年歷史。淨業法師前往藍田覆車山隱居；當時，一些虔誠的居士信徒便竭誠為其建築山房，並行供養，這是開創悟真寺的最早因緣，淨業法師陸陸續續建設了藏經閣、千佛殿、觀音堂、三寶堂和彌勒閣等，「悟真山舍」也就轉變成了「悟真寺」，所以淨業法師被視為悟真寺實際開山建寺的鼻祖。

淨業法師曾拜於淨影寺慧遠法師（西元五二三至五九二年）的門下。佛教界為了區別淨影寺慧遠法師與東林寺的慧遠大師（西元三三四至四一六年），習慣稱淨業法師的師父為「淨影寺慧遠」。

悟真寺後來有慧超法師、保恭法師、法誠法師（西元五六三至六四〇年）等僧人相繼駐錫。在寺院建成後，淨業法師邀請長安定水寺的高僧慧超法師（西元五四六至六二二年）入住，共同修學佛法。

《續高僧傳．卷二八》記載：「自超九歲入道，即誦法華五十餘年，萬有餘遍，感靈獲瑞，不可勝言。」慧超法師讀誦《法華經》長達五十多年，獲得種種靈瑞感應。

保恭法師是大唐僧統，平日弘揚《法華經》。法誠法師則一生致力修習法華三昧，《續高僧傳．卷二八》說他：「法華三昧，翹心奉行」。《弘讚法華傳．卷八》關於法誠法師的傳記則云：

後遇超公，隱居藍谷，披誠請誨，虛受不怠。雖慧解傍通，以誦《法華》為業，嘗心力疲竭，將癈受持。遂作觀音行道，以祈冥祐，滿三七日，於佛前忽見巨人著白衣，持一品藥，授令服之，此後心力倍常，讀誦無輟。

法誠法師在悟真寺讀誦《法華經》，感應道交，一生讀誦《法華經》至少累積萬餘遍。可見，悟真寺在善導大師大力弘揚淨土法門之前，是一座修學《法華經》的寺院，《法華經》的信仰氛圍十分濃厚，善導大師在沙彌階段就熟讀《法華經》，這也是善導大師與悟真寺冥冥之中註定的緣分。

《法華經》與淨土宗的經典有著甚深淵源，《法華經》裡的觀世音菩薩更是西方三聖之一；善導大師在悟真寺前期法華信仰如此濃厚的背景下開展出淨土宗，也是有不可思議的甚深因緣。

法誠法師對悟真寺的建設很有貢獻，對悟真寺進行擴建。《續高僧傳．卷二八》記載：

處既局狹纔止一床，旋轉經行恐顛深壑，便剗跡開林、披雲附景，茅茨葺宇、甕牖疎簷，情事相依欣然符合，今所謂悟真寺也。

法誠法師剛到悟真寺的時候，所住的茅屋內部空間局促狹小，也就是一床的空間，外部空間也不大；旋轉經行的時候，唯恐跌落深壑。於是，法誠法師發心重建悟真寺，重新劃跡伐林闢地，寺院修葺屋宇；重建完成後的悟真寺，融入山勢地貌，十分協調統一。法誠法師後來又陸陸續續建造華嚴堂、水陸殿等，使得悟真寺更為壯觀。

為善導大師寫生平傳記的道宣律師曾來過悟真寺，在《續高僧傳．卷二八》稱讚悟真寺：「前對重巒，右臨斜谷，吐納雲霧，下瞰雷霆；余曾遊焉，實奇觀也。」

此外，法誠法師請人在悟真寺中造畫千佛，又於山路岩崖刻經偈。法誠法師與善導大師兩人相知相惜，善導大師後來在悟真寺繼續擴大建設、造畫佛像、文藝弘法等種種志業，也可以說是延續悟真寺弘法利他的精神，承先啟後。

親證三昧　再尋明師

悟真寺的修行風氣深深吸引了善導大師，在環境如此美好的終南山悟真寺，善導大師依《觀無量壽經》修行，專思惟一，功夫日深。根據《新修往生傳．卷二》記載：

> 遁跡終南悟真寺。未逾數載，觀想忘疲，已成深（深）妙；便於定中，備觀寶閣、瑤池、金座宛在目前；涕泗交流，舉身投地。

善導大師於悟真寺勇猛精進數年之後，止觀雙運，觀想深妙，寶閣、寶池、寶樹、華座等西方勝境歷歷在目，如同真實存在，不禁泫然流涕，舉身投地，至誠禮敬阿彌陀佛，感恩三寶加被。

《佛祖統紀．卷二七》則記載：「後遁跡終南，修『般舟三昧』數載，覩寶閣瑤池，宛然在目。」明確指出善導大師在終南山這段時期修行「般舟三昧」，又稱「十方現在佛悉在前立三昧」。般舟三昧是以一日一夜或更長時間經行不斷，不坐不臥，夜以繼日，專念阿彌陀佛的名號。這種修行方法需要大精進、大勇猛、大行持，不是一般人能夠用功的。

善導大師的慧根與精進修行，固然是他成就「觀佛三昧」的主因，但終南山這塊修行寶地也是重要助緣；所謂「天下名山僧佔多」，是有其道理的。

善導大師英雄出少年，年輕有為，二十多歲就親自證得觀想念佛的「觀佛三昧」，使得他的著作描寫到極樂世界的聖境時，讓人有一種身臨其境的感受，栩栩如生，逼真具體，富有生氣。例如，善導大師在《依觀經等明般舟三昧行道往生讚．卷一》描寫極樂世界的殊勝莊嚴境界的其中一段：

佛國寶林枝相觸，六天音樂不如一；依時供養香風起，拂樹華飛落寶地。
寶樹飛華汎德水，童子捉取已為船；乘船直入蓮華會，化佛菩薩與衣被。
各執香華佛前立，徐徐遙散變成雲；寶雲莊嚴即是蓋，即與寶果教令食。
遇值往生善知識，得聞淨土彌陀名；因佛願力來相見，常住此國不須還。
法侶攜將入林看，足下輝光超日月；菩薩眾會無窮盡，各各身光互相照。
新往化生紫金色，與諸大眾無殊異；或入寶樓眾中坐，大眾見者皆歡喜。
種種莊嚴不可識，內外相看無障礙；停足須臾受法樂，三昧無生自然悟。
地上莊嚴眾寶間，雜色相參百千萬；寶座華臺處處滿，隨心受用光來照。
百千童子菩薩眾，各捧香華臨池看；或坐或立池渠岸，或有尋階入寶池；

或立于沙或至膝，或沒腰頭或懸注；或取金華百寶葉，授與岸上看池人。

受得香華千萬種，即散彌陀大會上；所散之華變成蓋，自然音樂遶千重。

寶鳥連聲奏天樂，一切見者起悲心。

善導大師即使已經修行有所成就，仍沒有顯得志得意滿。善導大師有此殊勝經歷之後，更進一步想要遊歷名山大川，行腳天下，參訪十方大德，增長見聞，並且隨方弘法利生。

法誠法師應該還是當時的悟真寺住持，對於善導大師證得念佛三昧的不凡成就，想必是讚歎不已。根據《續高僧傳．卷二八》記載，法誠法師於貞觀十四年圓寂：

至貞觀十四年夏末日，忽感餘疾，自知即世，願生兜率。索水浴訖又索終輿，旁自檢校不許榮厚。恰至月末明相將現，無故語曰，欲來但入未假弦歌，顧侍人曰：「吾聞諸行無常生滅不住，九品往生此言驗矣。今有童子相迎久在門外，吾今去世。爾等，佛有正戒無得有虧，後致悔也。」

貞觀十四年七月，法誠法師在結夏安居即將結束的時候，預知時至，不但口出光明照於楹內，又聞異香苾芬而至，最後端坐而圓寂，世壽七十八歲。

法誠法師的圓寂，乃悟真寺人事因緣的重大改變，可能也是促成善導大師在貞觀十五年離開悟真寺前往玄中寺參學的助緣之一。法誠法師發願求生彌勒菩薩的兜率淨土，善導大師卻更心儀西方極樂世界。善導大師對於法誠法師的圓寂，固然是滿滿的不捨與祝福，參訪大善知識的心願卻日漸增強。

此時，善導大師逐漸對山西玄中寺的道綽大師（西元五六二至六四五年）產生極大的關注。得知道綽大師弘揚《觀無量壽經》，化風之盛，名高一世，帝王敬仰，百姓齊歸，於是生起親近道綽大師的求法之心。

關於善導大師拜師求學於道綽大師這段因緣，或許還需要從僧衒法師、啟芳法師與圓果法師的另一段因緣談起。

在善導大師來到悟真寺之前，啟芳法師與圓果法師就是悟真寺知名的淨土行人，修持淨土法門；所以，悟真寺也可以說是往生西方淨土的實踐道場。根據《淨土全書．卷二》記載：「唐啟芳、圓果，汾州人。」啟芳法師與圓果法師是汾州（今山西隰縣）人。啟芳法師在貞觀初年（西元六二六年）和圓果法師曾到山西玄中寺道綽大師處參學訪道，二人玄中寺遇到了僧衒法師，並且親眼見證僧衒法師的修行瑞相。

僧衒法師（或稱僧衍法師、僧炫法師）是山西并州人，教理通達，一生解行並重；只是，雖然一生精進修行，卻對於了生脫死仍無絲毫把握。根據《淨土聖賢錄．卷二》記載：「年九十六，見道綽禪師著《安樂集》、講《觀經》，始迴心念佛。」九十六歲高壽的時候，僧衒法師偶然讀到道綽大師所著的《安樂集》，又聽聞道綽大師講授《觀無量壽經》，深切體悟念佛法門的殊勝，歎未曾有，於是拜在玄中寺道綽大師門下，從此一心專修念佛法門。

由於僧衒法師年事已高，行將就木，恐壽命將盡，所以修行非常精進勇猛，每天都禮佛一千拜，並稱念阿彌陀佛聖號八、九萬遍，五年間一心專修，不敢懈怠。

僧衒法師到了一百零一歲病危的時候，告訴眾弟子說：「阿彌陀佛授我熏香的衣服，來接我了，觀音、勢至二大菩薩，排列引導在前面，都垂寶手要接引我往生，虛空中遍滿了化佛菩薩，從這裡往西看去全部都是極樂世界的莊嚴景象，我將要隨佛菩薩去極樂世界了！」說完之後，就安然命終往生，七天之中，整個室內都充滿奇異的香氣而不散。

當時的啟芳法師與圓果兩位法師十分敬重僧衒法師的修行，兩人親眼目睹僧衒法師臨終往生西方極樂世界的殊勝一幕，內心受到極大的震撼，久久難以忘懷，於是修正自已從前的修行觀念，完全接受了道綽大師弘揚的稱名念佛法門。

大約在貞觀十三年（西元六三九年），啟芳法師和圓果法師從山西玄中寺回到陝西悟真寺，便在悟真寺，一夏結期，至心稱念南無阿彌陀佛。兩人共同折一枝楊柳，放在觀世音菩薩手中，立下誓願並祈禱說：「弟子等念佛若能夠最終得生西方極樂世界，願此楊枝七日不會枯萎！」七天之後，楊枝仍然鮮活翠綠，兩人感到歡喜安慰，信心倍增，從此念佛更加精進勇猛，日夜不懈。

經過五個月勤苦修行，有一次在觀想中，覺得身體來到西方極樂世界七寶池，親見觀音、勢至兩位大士坐在大寶蓮花之上，有成千上萬的各色蓮華遍滿大蓮池內。此時，阿彌陀佛從西方乘坐著一朵最大的蓮華而來，虛空之中充滿光明，映照了整個世界。啟芳法師和圓果法師禮拜阿彌陀佛，並問道：「娑婆世界閻浮提的眾生，依照經典所說而念佛，能夠往生到此極樂世界嗎？」阿彌陀佛回答說：「勿生懷疑！一定可以往生到我的極樂世界啊！」

啟芳法師和圓果法師同時又聽到釋迦世尊和文殊師利菩薩，以清淨梵音稱揚讚歎《法華經》。而在蓮池前有三道寶階，第一道是在家的白衣居士，第二道是出家僧人和在家白衣居士各佔一半，第三道則只有出家僧人。這三層的人都說：「我們都是至心念佛的修行人，如今已經往生到此極樂淨土來了。」啟芳法師和圓果法師兩人出定之後，才將遊歷淨土的殊勝經歷向弟子們一一說出。

由這段記載可知，啟芳法師和圓果法師現世證得了念佛三昧，屢次親見西方極樂世界種種勝境現前。最後，二人同時坐化往生西方淨土。

唐代迦才大師《淨土論．卷三》記載：「春秋九十六，去貞觀十六年亡。」明確提到僧衒法師是在「貞觀十六年」以九十六歲的高齡圓寂，善導大師則在「貞觀十五年」（西元六四一年）就去拜訪玄中寺的道綽大師了。而據相關記載，啟芳法師與圓果法師是在親眼目睹僧衒法師圓寂之後回到悟真寺的；因此，很難證明善導大師是否真的在悟真寺聽到了啟芳法師、圓果法師談論僧衒法師與道綽大師的事蹟。

不過，《淨土論．卷三》尚有另一則記載：

方啟法師者，花陰人也。貞觀九年，共玄果法師，於藍田縣悟真寺，一夏念阿彌陀佛。乃取一楊枝，著觀世音菩薩手中，誓云：若我念佛得往生者，願此楊枝七日不萎。依誓，遂即七日不萎也。

方啟法師與玄果法師，就是指啟芳法師與圓果法師。根據這個說法，這兩位法師至少在貞觀九年（西元六三五年）就回到悟真寺了；所以，兩人在山西玄中寺遇到了僧衒法師圓寂之事件，應該在貞觀九年以前。因此，善導大師從啟芳法師與圓果法師那裡聽到僧衒法師與道綽大師的事蹟，可能性還是存在的。

善導大師雖然已經在悟真寺修得觀佛三昧，但學無止境，善導大師一心再求更上一層樓，念念不忘尋訪大善知識。悟真寺在現代所倡印流通的《善導大師的故事》就提到：「善導大師或許正是在悟真寺聽從玄中寺歸來的啟芳、圓果親口說起山西道綽大師的化風高德，仰慕之心，油然而生。」既然善導大師與啟芳法師、圓果法師可能一起在悟真寺共住，因此有可能從啟芳法師和圓果法師兩人口中得知山西玄中寺更多關於道綽大師與僧衒法師的殊勝事蹟。道綽大師弘揚《觀無量壽經》與稱名念佛的事蹟，逐漸盤旋在善導大師的腦海之中。

其實，此時的道綽大師早已經盛名遠播，善導大師或許也早有耳聞；然而，啟芳法師和圓果法師親身經歷與推薦，想必對善導大師求學道綽大師的決心也起了推波助瀾的作用。

此外，根據《佛光大辭典》對「迦才」一詞的解釋：「唐代僧，生卒年不詳。貞觀年間，住於長安弘法寺，勤修淨業，弘揚淨土法門。受道綽之影響，著手整理淨土諸論著，而撰有《淨土論》三卷，主張念佛以觀想為主。」迦才大師活躍於貞觀年間，而且深受道綽大師之影響。雖然迦才大師生卒年不詳，但是長安弘法寺距離終南山悟真寺不算太遠；只要迦才大師在貞觀年十五年以前仍然住世人間的話，善導大師從迦才大師口中聽聞道綽大師的盛名，進而對玄中寺淨土九品道場心生慕仰，也是有可能的。

不論是由於啟芳法師、圓果法師或迦才大師的推薦，還是因為善導大師早已耳聞道綽大師傳遍天下的盛名，求法若渴的善導大師，在大唐貞觀十五年，終於決定動身出發前往山西玄中寺，參學影響他一生最大的一代傳奇高僧——道綽大師。

第二章　訪玄中寺　求學道綽

導令辨一莖蓮花，置之佛前，行道七日，花不萎悴即得往生；依之七日，果然花不萎黃，綽歎其滚（深）詣。

不遠千里　寒冬求法

道綽大師（西元五六二至六四五年）於北齊武成帝河清元年出生於山西的并州汶水，其所住持的山西汾州玄中寺屬西河汶水之地，故後人又稱他為「西河禪師」。

道綽大師以玄中寺為中心傳播淨土教義，聲名遠播。善導大師在陝西終南山悟真寺早已聽說道綽大師在山西石壁玄中寺弘揚淨土法門，設立九品道場，心中大喜，不禁生起前往玄中寺的念頭，希望能向道綽大師學習淨土宗深切教義，展開玄中寺學修生涯。

汾州，其實為古代地名；若以現代地名來看，玄中寺是位於於山西省呂梁市交城縣洪相鄉的石壁山上。石壁山又稱為「龍山」；在玄中寺的悠久歷史發展中，佛門龍象輩出，與龍山之名相得益彰，相互輝映。

貞觀十五年（西元六四一年），二十九歲的善導大師，覺得參訪道綽大師的時機已經成熟了。秉持著求法若渴的青年熱血，當時大約正臨深秋初冬之際，善導大師覺得求法之路耽擱不得，一刻不願再等，辭別悟真寺的常住法師之後，立即從悟真寺出發，前往山西石壁玄中寺。跋山涉水、不遠千里地前往參學求道，只為修學淨土的無上津要。

善導大師從陝西終南山出發之後，沿途涉渭水、渡黃河，抵達山西之後，沿汾水至汶水之地，此時已經是隆冬時節，天寒地凍，北風凜冽，大師顧不得嚴冬寒風的沁膚刺骨，為了求法之路繼續前行。

有一天，善導大師走到了人煙罕至的地方；旅途艱苦，饑渴疲憊，加上體力透支，已感力盡筋疲。就在此時，恰好發現一個堆滿落葉的深坑，大小剛以容納一個人。為了稍避風寒及恢復體力，善導大師就拿著瓶鉢瑟縮地躲進深坑裡，在土坑中端身正坐，一心念佛，漸漸進入定境中，觀想極樂世界的美妙莊嚴。就這樣，在三昧定境之中不知不覺地度過了好幾天。

忽然有一天，聽聞到空中有聲音傳來：「你可以放心繼續向前趕路了，前方遊歷的道路不會再有任何阻礙了。」（《新修往生傳．卷二》）善導大師猛然驚悟，覺得體力充沛，神清氣爽，精神抖擻，之前的疲勞、饑餓和寒冷一掃而空。於是走出深坑，整裝上路，一路無礙地來到玄中寺的山門前。

這段求法之路的「絕處逢生」經歷，不但讓善導大師特別珍惜在玄中寺四年的參學生涯，更在他的著作《觀經四帖疏》裡，以「二河白道喻」描述了相似的體驗。

善導大師在《觀經四帖疏．卷四》云：「又白一切往生人等，今更為行者說一譬喻守護信心，以防外邪異見之難。」為了守護念佛的清淨信心，以防落入止外道邪見異見，善導大師對淨土行人說了以下這個比喻，稱為「二河白道喻」，簡述如下——

有一個行人由東方出發，向百千里之遙的西方前進。走到半路，見到了有兩條大河；其中，南邊的火河烈火燃燒，而北邊水河則是波濤洶湧，二河各有百步的寬度，河水的深度深不可測，南北方向看不到邊際的盡頭。在水火二河的正中間有一條白道，寬度大約有四五寸，這條白道由東岸延伸至西岸，長度約有百步；水河的波浪常常浸溼、淹沒白道，火河的烈焰也常焚燒白道；水與火不斷地交替侵襲白道，水火交煎，片刻不停息。

這位行人走在一望無際的東岸曠野之中，人煙罕至。強盜與惡獸見他孤單一人，便拚命追殺著他；行人深怕死在這荒郊野外，於是趕緊向西狂奔，祈求一線生機，卻忽然見到大河攔路。即自念言：「此水河火河的南北方向看不見邊際，中間卻可見一條白道，極其狹小；東岸距離西岸雖然不遠，但很難安全地過去，看來今日就是自己的死期了。」

這位行人想沿原路返回，群賊與惡獸卻往自己方向逼殺而來；想往南北河岸避走，惡獸毒蟲又競相包抄自己。三面環敵的情況下，如今唯一的去路只剩下逃向西邊，求得一線生機；但是，沿白道前進，恐怕會掉進水火二河之中，看來也並不容易。

當時這位行人內心的驚惶恐怖，是言語難以形容的。他思考著：「走回頭路，是死路一條；停留在這裡，也是死路一條；向南北兩邊逃，同樣是死路一條。我願意賭剩下的唯一逃命機會，寧可尋著這條白道向前而去；既然有這條白道，必定應當可以渡河而過，逃過這次危機。」

當他心裡這麼想的時候，在這東岸忽然聽到有人勸說的聲音：「仁者！只要下定決心依循這條白道前行，必定不會有死難；如果停止不前，就會面臨死亡危機。」他這麼一聽，就生起了信心。此時，西岸又有人呼喚他：「你一心正念直行而來，我能保護你平安無事，不用害怕墮落到水河、火河之中，而面臨死亡災難。」

既然有東岸及西岸加油打氣的呼喚聲音，他立即端正身心，決定依循白道直接向西而進，不再有猶疑怯退的心。

當他剛走到十分之一、十分之二分的路程時，東岸群賊對他喊話：「仁者！快回來吧！這條白道很險惡，肯定過不去，往前走必死無疑，我們對你決無任何惡意。」

這位行人雖然聽到這些呼喚聲，但向西而行的求生意志堅強，所以不再回頭，勇往直前，一心繫念白道而行走，很快就到達西岸的安樂之地，永遠脫離種種災難，與眾多善友相見，感受到生命中無比的慶慰快樂。

善導大師在《觀經四帖疏》為淨土行人詳細解說了「二河白道喻」裡各種比喻所表示的修行意義。例如：言「東岸」者，即喻此娑婆之火宅也；言「西岸」者，即喻極樂寶國也；言「水火二河」者，即喻眾生，貪愛如水，瞋憎如火也。

「二河白道喻」，表達了娑婆世界的淨土行人修行的心路歷程：眾苦逼迫，修行人踽踽獨行，在自力修行感到無力與絕望之際，感受到那時絕處逢生的體驗；東岸的此土有釋尊的叮嚀與囑咐，西岸的彼土有阿彌陀佛的殷勤呼喚與佛力加持保護，淨土行人終於信願行具足，依著念佛的白道而求生淨土，脫離生死輪迴的苦難。

「二河白道喻」在一定程度上反映了善導大師從悟真寺到玄中寺這段求

法之路的心境與體驗。善導大師在冬天最冷的時候，忍著飢寒在荒無人煙的之地踽踽獨行，令人感受到那時絕處逢生的體驗。這趟尋師訪道之路，看似山窮水盡疑無路，終究柳暗花明。

善導大師在出離深坑之後，繼續一路前行，玄中寺終於出現在眼前。首先映入眼簾的是，看到玄中寺被石壁山所環抱，四面石壁陡立，雲封霧鎖，翠柏環布，修竹盈庭，景色秀麗。再仔細觀看，發現寺院坐北向南，背靠峭壁嶙峋的石壁山主峰，依地形起伏由南到北、從低向高層層迭起，沿中軸線錯落有致，層次分明。

佛教聖地玄中寺始創於北魏延興二年（西元四七二年），建成於承明元年（西元四七六年），距今已有一千五百多年歷史；寺內目前現存最古建築，則為明神宗萬曆三十三年（西元一六〇五年）所建之天王殿。各座殿院之間逐級升高，依山就勢，層層疊置。

玄中寺處在群山環抱中，疊嶺周環，群峰瀉翠，地層巒疊嶂。因山石拱列如壁，故山名「石壁山」，石壁山海拔一二七二公尺，奇峰陡立，絕壁如削。山壁之間有一條深溝，呈西北東南走向，長約十餘華里，玄中寺即建在溝半位置，背山面壑。

玄中寺亦因位於石壁山而稱「石壁寺」，又名「永寧寺」，周邊環境綠樹蒼松成蔭，四季流泉不斷、鳥雀啁啾，宛如人間淨土；清幽環境非常適合淨土行人在此念佛修行，靜悟人生。

玄中寺地靈人傑，面對眼前這古老的淨土宗祖庭，善導大師難掩興奮而充滿期待的心情，加快腳步，進入玄中寺內，終於得以親自見到道綽禪師；初次來到玄中寺的善導大師，向道綽禪師展現夙心往志。

當時道綽禪師已是八十歲高齡，善導大師則僅是二十九歲的年輕人；這一老一少兩位大師的首次見面，可說是中國淨土宗的歷史性時刻。善導大師不遠千里，來到山西玄中寺，終於投於道綽大師門下，並親見九品道場的殊勝莊嚴。

善導大師周遊寰宇多年，求訪道津，終於一償宿願，得見心目中的大善知識道綽大師，並且能夠長期親近，實在滿心歡喜。

道綽親授《無量壽經》

道綽大師讚許善導大師遠道而來、備受風寒勞苦，可見求法誠意可嘉。對於善導大師的來訪，道綽大師滿心歡喜，知道自己後繼有人，即留善導大師住居玄中寺。

道綽大師進而無私傳授善導大師《無量壽經》，為其徹說此經的深切教義；善導大師體認到道綽大師對於淨土法義的理解竟然如此高深，不由得打從心裡佩服與敬重道綽大師。

淨土宗有著名的「五經一論」之說，「五經」指的是《無量壽經》、《觀無量壽佛經》、《阿彌陀經》、《華嚴經．普賢菩薩行願品》以及《楞嚴經．大勢至菩薩念佛圓通章》，此五經通常與世親（天親）菩薩所著的《往生論》並稱五經一論，為淨土宗之核心經典。

淨土五經之一的《無量壽經》，全稱為《佛說大乘無量壽莊嚴清淨平等覺經》，亦稱為《佛說無量壽經》、《大經》或《大阿彌陀經》，在中國歷史上曾被翻譯過十二次，現存五個原譯本。

一、《佛說無量壽經》，曹魏康僧鎧譯。

二、《大寶積經．無量壽如來會》，唐三藏法師菩提流志奉詔譯。

三、《佛說無量清淨平等覺經》，後漢月支三藏婁迦讖譯。

四、《佛說阿彌陀三耶三佛薩樓佛檀過度人道經》，吳月氏優婆塞支謙譯。

五、《佛說大乘無量壽莊嚴經》，宋西天三藏朝散大夫試光祿卿、明教大師法賢奉詔譯。

這五種原譯本中，阿彌陀佛的「大願」數量並不相同；漢、吳兩譯是二十四願，宋譯是三十六願，只有曹魏康僧鎧本和唐譯本是四十八願，曹魏康僧鎧譯本的文句、義理、內容都相對比較完整。康僧鎧譯本的《無量壽經》，描述了阿彌陀佛接引眾生的四十八大願以及極樂世界的殊勝美好景象。《佛說無量壽經．卷一》云：

爾時，世自在王佛知其高明志願深廣，即為法藏比丘而說經言：「譬如大海，一人斗量，經歷劫數尚可窮底，得其妙寶。人有至心，精進求道不止，會當剋果，何願不得？」

於是，世自在王佛即為廣說二百一十億諸佛剎土天人之善惡、國土之粗妙，應其心願悉現與之。

彼比丘聞佛所說嚴淨國土，皆悉覩見。超發無上殊勝之願，其心寂靜，志無所著，一切世間無能及者。具足五劫，思惟攝取莊嚴佛國清淨之行。

阿彌陀佛的前身為法藏比丘，世自在王如來知道法藏比丘成佛度眾生的廣大悲願，是佛門龍象的大器，因此就為法藏比丘宣說修行的方法，就是「至心精進，求道不止」八個字。法藏比丘在世間自在王如來的幫助之下，觀察了二百一十億佛國眾生及佛國環境，因為有善有惡，有粗有妙，所以立時發起了超越十方一切佛國的無上殊勝大願力。用了五劫的時間思惟攝取莊嚴佛國清淨之行，只為了成就西方極樂世界。

法藏比丘發下四十八大願，其中最為道綽大師與善導大師所重視的是第十八大願：

設我得佛，十方眾生，至心信樂，欲生我國，乃至十念，若不生者，不取正覺，唯除五逆，誹謗正法。

《佛說無量壽經．卷一》又云：

阿難白佛：「法藏菩薩為已成佛而取滅度、為未成佛？為今現在？」

佛告阿難：「法藏菩薩今已成佛，現在西方，去此十萬億剎，其佛世界名曰『安樂』。」

阿難又問：「其佛成道已來為經幾時？」

佛言：「成佛已來凡歷十劫。其佛國土自然七寶——金、銀、琉璃、珊瑚、琥珀、硨磲、瑪瑙——合成為地，恢廓曠蕩，不可限極。悉相雜廁，轉相入間，光赫焜耀，微妙奇麗，清淨莊嚴，超踰十方一切世界眾寶中精，其寶猶如第六天寶。又其國土無須彌山及金剛圍一切諸山，亦無大海、小海、溪渠、井谷；佛神力故，欲見則見。亦無地獄、餓鬼、畜生諸難之趣。亦無四時——春、秋、冬、夏，不寒、不熱，常和調適。」

阿彌陀佛成佛已經十劫了，諸佛讚歎的西方極樂世界，早就已經圓滿成就，所以道綽大師將自己的著作取名為《安樂集》，也算是呼應經中所言「其佛世界名曰『安樂』。」

經過了對《無量壽經》的深入研究與學習，善導大師對西方極樂世界的體會就更加完整了。

道綽懺罪　方可往生

在道綽大師傳授此《無量壽經》的教義之後，善導大師恭敬執持《無量壽經》，滿心歡喜，披卷詳覽，受持讀誦，善導大師原本已經終南山悟真寺修得觀佛三昧，在禪定中所見的淨土勝境，如今又明明白白地現於定中，宛然如在眼前，因而隨即入定，七天七夜不起於座。《新修往生傳．卷二》

記載：「綽公即授與《無量壽經》，導披卷詳之，比來所，覩宛在，因即入定七日不起。」

當時道綽禪師年已經八十歲了，而善導大師年僅二十九歲。英雄出少年，在道綽大師面前展現了驚人的修行功力，道綽大師深感後生可畏，後浪推動前浪，前浪引領後浪；一想到淨土宗後繼有人，道綽大師心中倍感欣慰。

而善導大師二十幾歲便親證觀佛三昧，能於禪定之中，對西方極樂世界的聖境出入無礙，可見善導大師修行功力之深，古今高僧，少出其右，連道綽大師也不禁為之驚豔與驚歎，甚至向其請教。如《新修往生傳．卷二》記載：

或問導曰：「弟子念佛，得往生否？」導令辨〔辦〕一莖蓮花，置之佛前，行道七日花不萎悴，即得往生；依之七日，果然花不萎黃，綽歎其邃（深）詣。

道綽大師看到善導大師入定於觀佛三昧，展現深厚的禪定功夫，便向善導大師問道：「弟子念佛，得往生否？」道綽大師想知道，自己念佛不間斷，到底能不能往生西方極樂世界？善導大師請道綽大師去採一莖蓮華，供於佛前，行道七日；若蓮華不凋萎，就證明道綽大師能往生。

道綽大師依照善導大師的指示去做，經過了七日，蓮華果然不凋萎。道綽大師不由得讚歎善導大師的深厚造詣。師徒之間，相互成就彼此。

《新修往生傳．卷二》有另一則記載：

綽歎其邃詣，因請入定觀當得生否？導即入定須臾報曰師當懺三罪方可往生。一者，師嘗安佛尊像，在簷牖下自處邃房；二者，驅使策役出家人；三者，營造屋宇損傷蟲命。師宜於十方佛前懺第一罪，於四方僧前懺第二罪，於一切眾生前懺第三罪。綽公靜思往咎，皆曰不虛，於是洗心悔謝，訖而見導。

道綽大師經歷了行道七日、花不萎悴之後，再度勸請善導大師入定觀察是否現在就能夠往生西方極樂世界？善導大師入定不久後，即回報道綽大師：「師父，您當懺悔三種罪障，然後才可以求得往生。第一，您曾經把一尊佛像放在屋簷底下，自己卻身處於房中，所以要對十方諸佛懺悔罪障。第二，您因為身為老師，不免驅使策役其他出家人，所以要於四方僧眾前懺悔罪障。第三，您為了營造寺院廟宇，大興土木，不免損傷了各種小蟲小蟻的生命，所以應當於一切眾生前懺悔罪障。」

道綽大師靜靜地回想以往所犯的過錯罪業，印證善導大師確實所說不虛，隨即洗除煩惱塵垢的妄心，至誠懺悔謝罪；在如法懺悔結束之後，過了一段時間之後，道綽大師再度來見善導大師。根據《新修往生傳》的記載，善導大師說：「師父您所犯的罪業已滅除了，日後若有白毫光直照燈燭，就是師父您的往生淨土之跡相。」

道綽大師雖然身為前輩大師，在教導善導大師的同時，仍然願意反過頭來向晚輩善導大師學習；教學相長，展現大師風範與氣度。

根據《往生西方淨土瑞應傳．卷一》的記載，道綽大師在如法懺悔結束之後，問善導大師：「終時有何瑞相令人見聞？」道綽大師很想知道自己臨命終時到底可以見聞到什麼往生的瑞相，善導大師回答說：「亡日我放白毫，遠照東方；此光現時，來生我國。」日後，到了道綽大師圓寂、往生淨土的那一天，果然有三道光白毫照於道綽大師的房內，印證了善導大師所言不虛。

白毫為佛的莊嚴相好之一，即第三十二相中的「眉間白毫相」。佛的眉間有白毛，柔軟如兜羅綿，其色雪白，光潔清淨，右旋卷收，如日正中，放之則有光明。阿彌陀佛放白毫相光來迎接道綽大師，是極其殊勝的；而善導大師對道綽大師的預言，也說明其修行功夫了得。

關於善導大師預測道綽大師往生之相，不同版本的傳記內容略有差異。例如，《淨土聖賢錄．卷三》說：「久之，道因定出，謂綽曰：師罪滅矣，後有白光來照時，是往生相也。」《佛祖統紀》的記載與《淨土聖賢錄》幾乎相同，《佛祖統紀．卷二七》曰：「久之，道因定出，謂綽曰：師罪滅矣，後有白光來照之時，是往生相也。」

善導大師的法名在《佛祖統紀》與《淨土聖賢錄》都記錄為「善道」，也簡稱為「道」，《新修往生傳》則記錄為「善導」，也簡稱為「導」。顯然，大藏經裡的「善道」事蹟，屬於善導大師的生平。

聆聽道綽　講授《觀經》

懺悔偈曰：「往昔所造諸惡業，皆由無始貪瞋癡；從身語意之所生，一切我今皆懺悔。」懺悔業障肯定是要自我反省自己，反求諸己，已生惡令斷，要求自己於佛菩薩面前慇懃懇切發露懺悔，定能感應到佛菩薩的「他力」慈悲攝受，令惡業障漸得消滅。

十方世界，恆沙諸佛，皆讚歎阿彌陀佛及其不可思議功德；念一句阿彌陀佛名號，滅除八十億劫生死重罪，這是確鑿無疑的。

雖說道綽大師深信阿彌陀佛的大願，仰仗佛力不可思議的「他力」，但是仍然不偏廢「自力」——自身的努力，誠心誠意地懺悔自己的三項殘罪，以求得往生西方極樂世界，並得到善導大師認可罪業滅除。

道綽大師絕對仰仗阿彌陀佛的「他力」，肯定「十念往生」；然而，每日必備功課就是多達七萬遍的稱名念佛，從不放棄「自」我的努「力」，這不也是另一種「自力」嗎？

道綽大師是稱名念佛的重要推動者，尚且如此「自力」精進用功，如救頭燃，吾輩凡夫豈可懈怠放逸？道綽大師精進稱名念佛，對善導大師日後的修行產生了關鍵性的改變與影響。

道綽大師每日七萬遍稱名念佛，身為弟子的善導人師，其稱名念佛的次數還會少嗎？善導大師外出時，時常獨自行動，不與他人相伴，就是為了避免散心雜話，妨礙念佛。道綽大師打噴嚏、吐唾沫都不向西方，坐臥的時候背也不朝西方；道綽大師要求自己如此嚴格，為善導大師樹立了良好的身教。

道綽大師經常在玄中寺開講《觀無量壽經》，一生講解《觀無量壽經》多達二百餘遍；善導大師在玄中寺的參學歲月，必然有幸能夠親自聆聽道綽大師升座開示《觀無量壽經》。

道綽大師待在玄中寺的時間是隋大業五年（西元六〇九年）到貞觀十九

年（西元六四五年），四十八歲的道綽大師來到玄中寺，八十四歲往生；三十六年間，大約平均一年要講六遍《觀無量壽經》，足見道綽大師對這部經典的重視，方會不斷宣講。

《續高僧傳．卷二十》描述道綽大師講授《觀無量壽經》時的情況：「詞既明詣，說其適緣，比事引喻，聽無遺抱。」也就是說，道綽大師講經說法的文詞非常明白而有深厚造詣，能夠觀機逗教地以適合聽者因緣的內容為大眾說法，讓大眾歡喜，非常擅長排列比較事件來使聽者明白深厚佛理；聽者能夠沒有遺漏接受道綽大師的教導，因此大眾法喜充滿，收穫滿滿。

《續高僧傳．卷二十》又說：「談述淨業，理味奔流；詞吐包蘊，氣霑醇醴。」道綽大師談的教理的法味，如同江水奔流不息；吐露的言詞，蘊藏清淨芬芳，展現的氣息就像美酒飄香一樣，令人陶醉。

據載，曾經有邪見不信的人想抵抗、誹謗道綽大師；結果，一見到道綽大師慈悲的容顏，就氣消而回。道綽大師用道德感化眾生的情狀，竟然能夠達到這樣的境界。

每次的弘法講座，大眾參與十分踴躍。據聞，散席之時，大眾歡喜讚歎，成千上萬的信徒在山谷裡，都手持著念珠計數，大聲齊念南無阿彌陀佛聖號，念佛聲音像海潮聲般澎湃，響徹了整個山谷；壯觀的場面，震撼人心。這對善導大師來說，也是很好的學習機會，體驗稱名念佛的共修精神。道綽大師的「名聲遠播，道俗男女，赴者彌山」，滿山滿谷都是來聽課學習的淨土行人；加上玄中寺石壁山的山壁如高牆，形成共鳴效果，大眾念佛之聲在山谷裡迴盪，也是玄中寺特有地形造成的殊勝景象。

善導大師在道綽大師座下聽法，可以說是一種享受。善導大師就是在這麼好的師父教導下，名師出高徒，得以成為一代宗師。

青年善導　度洛陽僧

道綽大師講經說法的感人至深，還可以從一位洛陽老僧的身上看出來；而善導大師則在道綽大師的基礎上，度化這位洛陽老僧，這也可以算是道綽大師與善導大師共同度化眾生的例子。

一位來自東都洛陽的老僧，法名道英，一生曾講過四十遍《大方廣佛華嚴經》，對《華嚴經》的法義教理有深厚的造詣，在佛教界頗有聲望。道英法師來到玄中寺親近道綽大師，精進修行，深入三昧。有一天，道綽大師在玄中寺一如往常地為四眾講解佛經，最有可能就是講授《觀無量壽經》；道綽大師引經據典地宣揚淨土的教義，句句富有教誨，發人深省；字字扣人心弦，教人警惕。

道英法師在當時的法席上，聽完道綽大師講經弘法之後，豁然有悟，大受啟發，喜悅不已。據《往生西方淨土瑞應傳．卷一》所載，他既感動又感歎地說：「自恨多年，空尋文疏，勞身心耳，何期念佛，不可思議！」他悔恨自己多年來語蹉跎歲月，虛耗光陰，只在經文章句的表面義理下功夫，既勞身又勞心，對生死解脫未能有真實的修行功夫；沒有想到，稱念「南無阿彌陀佛」的念佛法門有如此不可思議的修行功德；從沒想到，一句簡單的佛號便能斷生死、出輪迴。

這時，同樣在玄中寺參學的善導大師察覺了道英法師心中的一絲疑惑，對道英法師說：「經有誠言，佛豈妄語。」這八個字看似輕描淡寫，實則雷霆萬鈞，震醒了道英法師：佛是實語者、真語者、不妄語者，佛陀所說皆是真實語，淨土念佛法門也是真實不虛。

年邁的道英老僧看著眼前氣宇非凡的年輕善導大師，不禁驚歎連連。善導大師點破了道英老僧心中多年來的疑惑，聽君一席話，勝讀十年書；道英法師如雷貫耳、久寐終醒，深解義趣，涕淚悲泣，堅定了念佛的信心，從此專心修學淨土念佛法門，竭力淨業，終歸安養。

曇鸞和尚　立碑啟發

玄中寺始創於北魏延興二年（西元四七二年）。在善導大師來到玄中寺之前，玄中寺已經建寺好幾百年了，並且保留下許多珍貴的石碑；最早的石碑為北魏延昌四年（西元五一五年）的造像碑，此外還有北齊四面千佛幢、隋開皇造像碑等。善導大師在玄中寺參學的日子裡，必定仔細閱讀及思考過這些碑文的內容。

其中，對於善導大師影響最大的應屬《曇鸞和尚碑》，又可以稱為《曇鸞祖師功德碑》或《曇鸞碑》。《曇鸞和尚碑》不但記載著曇鸞大師的生平，也牽涉到道綽大師一生修行法門的重大轉變，必然也是道綽大師對善導大師傳授的教學內容。

曇鸞大師（西元四七六至五四二年）是南北朝時期的北魏僧人，生於北魏孝文帝承明元年，山西雁門（今山西省代縣）人。曇鸞大師十四歲時，遊五臺山金剛窟，看見處處神跡、種種靈異，便發心在五臺山佛光寺出家。

曇鸞大師後來發心注解《大集經》時，注解到一半時，就得了氣疾，於是外出尋訪名醫治療疾病。行至山西的汾川秦陵故墟，入城東門上望青雲，忽見天門洞開，六欲天的階位分明，歷歷在目，疾病竟然不藥而癒。曇鸞大師本來想要繼續完成注解《大集經》的志業，但又感嘆道：「命惟危脆，不定其常；本草諸經，具明正治。長年神仙，往往間出；心願所指，修習斯法，果剋既已，方崇佛教，不亦善乎！」曇鸞大師深感生命無常，朝不保夕，希望先煉成長生不死之軀，以健康的身體為道器，再來宏揚佛法，所以就到江南茅山拜訪隱士高人陶弘景，懇求仙術。陶弘景不但親自指點，並贈以十卷長壽仙方。

曇鸞大師攜經踏上歸途，行至洛陽，遇到印度三藏法師菩提留支。曇鸞大師問菩提留支：「佛法中頗有長生不死法，勝此土仙經者乎？」曇鸞大師很好奇佛法中是否有比陶弘景的仙經更厲害的長生不死法，菩提留支回答：「此方何處有長生不死法？縱得長年，少時不死，卒歸輪轉，曷足貴乎？夫長生不死，吾佛道也！」菩提留支提醒曇鸞大師，陶弘景的長生不老之法只是暫時，還是脫離不了三界六道的輪迴；不過，佛法裡面倒是有真正的「長生不老之法」。

聽菩提留支這麼一說，曇鸞大師很好奇佛法裡的「長生不老之法」到底是什麼？於是，菩提留支送給了曇鸞大師《觀無量壽經》，並說：「學此則三界無復生，六道無復往；盈虛（虛）消息，禍福成敗，無得而至。其為壽也，河沙劫量莫能比也，此吾金仙氏之長生也。」菩提留支告訴曇鸞大師，學了這本《觀無量壽經》，就不再輪迴於三界六道，壽命將會無量無盡，這就是佛法裡的「長生不老之法」。曇鸞大師聽完後，心中大喜，從此只羨淨土不慕仙，將仙經焚毀，專心修學《觀無量壽經》的十六觀，自行化他，流布甚廣。

因為曇鸞大師的修行日益高深，集眾念佛，而且皈依信眾與日俱增，東魏孝靜帝稱之為「神鸞」，並敕住并州（今山西太原）大岩寺，晚年又移住汾州石壁山的「玄中寺」，在玄中寺精進修行淨土法門，冥冥之中為爾後道綽大師與善導大師來到玄中寺種下不可思議因緣。

東魏興和四年（西元五四二年）的一個夜晚，曇鸞大師正在持誦經典，忽然看見一位梵僧入室曰：「吾龍樹也，所居者淨土焉。以汝有淨土之心，故來見汝。」古印度的龍樹菩薩親自來見曇鸞大師，教導曇鸞大師佛法義理。曇鸞預知時至，知道自己即將圓寂，所以就會集弟子，對眾教誡道：「勞生役役，其止無日；地獄諸苦，不可不懼；九品淨業，不可不修。」說完不久，讓眾弟子高聲念佛，曇鸞大師面向西方，在稱名念佛的佛號聲中杳然而終，世壽六十七歲。

隋大業五年（西元六〇九年），四十八歲的道綽大師來到玄中寺，此時離曇鸞大師圓寂已經六十七年了；曇鸞大師圓寂後二十年，道綽法師才出生。到玄中寺之前，道綽大師精研《大般涅槃經》；隨著對佛法教義的理解日益深刻，前後宣講《大般涅槃經》多達二十四遍，詞旨明暢，辯才無礙，精彩的講經說法使他累積不少聲望；也因此，道綽大師必然非常熟悉《大般涅槃經》經中講到的佛身常住不滅、一切眾生悉有佛性、一闡提成佛等大乘思想。

此外，道綽大師也曾親近慧瓚禪師（西元五三六至六〇七年）所帶領的山居坐禪之僧團，探究大乘空宗的教理，修學禪法，嚴格持戒，行頭陀法。

道綽大師閱讀碑文後，曇鸞大師的修行志向及念佛往生的種種瑞應，讓滿腹經綸的道綽大師大為感動與欽服，仰慕不已，遂崇信淨土，住寺研修，決心放棄自己過去對《大般涅槃經》的宣講和修持，立下專修淨土法門的志向。一「棄」一「立」之間，顯示道綽大師放得下、提得起的道人風骨。從此，道綽大師一心專念阿彌陀佛，成為繼承北魏曇鸞一系淨土思想的大師。迦才法師《淨土論．卷下》記載了道綽大師這段信仰轉換的過程：

每常讚歎鸞法師智德高遠，自云：相去千里懸殊，尚捨講說，修淨土業，已見往生。況我小子，所知所解，何足為多？將此為德，從大業五年已（以）來，即捨講說，修淨土行。

《續高僧傳．卷二十》也記載了曇鸞大師與《曇鸞和尚碑》對道綽大師的影響：

承昔鸞師淨土諸業，便甄簡權實，搜酌經論；會之通衢，布以成化；克念緣數，想觀幽明；故得靈相潛儀，有情欣敬。恆在汶水，石壁谷玄中寺，寺即齊時曇鸞法師之所立也；中有鸞碑，具陳嘉瑞事如別傳。

「鸞師」與「鸞碑」當然是指曇鸞大師與《曇鸞和尚碑》。道綽大師是繼承曇鸞大師的淨土諸業；雖然兩位祖師不曾相見，卻在思想與修行上得到了繼承。

曇鸞大師提出「二道二力說」，二道即是「難行道」與「易行道」，二力即是「自力」與「他力」。曇鸞大師的淨土思想主要是表現於《往生論註》之中，此書是注釋印度世親菩薩（又稱「天親菩薩」）的《往生論》而成。世親菩薩享有「千部論師」之譽，貫通大小乘佛教，圓融闡述佛陀教法，他所撰寫的《無量壽經優婆提舍願生偈註》是中國本土唯一一部淨土宗論典，佛教界通常將其簡稱為《往生論》。曇鸞大師注釋的《往生論註》，文字非常流暢通達，一開始便引印度龍樹菩薩《十住毗婆沙論》說明「難行道」與「易行道」的分別。曇鸞大師認為，在無佛住世的五濁惡世，「自力」修持的「難行道」是難以成功，唯有乘阿彌陀佛的「他力」往生淨土的「易行道」，才是菩薩道上阿毗跋致（不退轉）的最佳保證。

既然善導大師有緣來到玄中寺求學，道綽大師必將自己修學曇鸞大師思想的體悟傳授給善導大師，善導大師對曇鸞大師的生平與淨土思想也了然於心。善導大師在玄中寺專心潛修，研讀曇鸞大師的《往生論註》以及道綽大師的《安樂集》深義，終於盡得道綽大師念佛法門的真傳。

木槵子珠　數珠念佛

念珠又稱數珠或佛珠。念珠雖然已經成為中國佛教徒的一項鮮明標誌，關於佛珠的起源，一般都以《佛說木槵子經》所載佛陀對波流離王的開示作為通說：

佛告王言：「若欲滅煩惱障、報障者，當貫木槵子一百八，以常自隨。若行、若坐、若臥，恆當至心，無分散意，稱佛陀、達摩、僧伽名，乃過一木槵子；如是漸次度木槵子，若十、若二十、若百、若千，乃至百千萬。若能滿二十萬遍，身心不亂、無諸諂曲者，捨命得生第三焰天，衣食自然，常安樂行。若復能滿一百萬遍者，當得斷除百八結業，始名背生死流，趣向泥洹，永斷煩惱根，獲無上果。」

信還啟王，王大歡喜，遙向世尊，頭面禮佛云：「大善！我當奉行。」即勑吏民，營辦木槵子，以為千具，六親國戚，皆與一具。王常誦念，雖親軍旅，亦不廢置。

木槵子，音譯「阿唎瑟迦紫」。佛陀教導波流離王貫穿一百零八顆木槵子作念珠，時常帶在身邊，無論是走路、安坐、或者躺臥的時候，應該一直以至誠專注的心，稱念佛、法、僧三寶的名號，每念一遍，就數一顆念珠，就這樣依次地數念珠。於是，波流離王下令臣民百姓來製作木槵子念珠。

一百八，又稱「百八」，是佛教常用的數字之一。佛教認為人的煩惱有一百零八種，調之「百八煩惱」。如《大智度論．卷七．序品一》云：

煩惱名一切結使：結有九結，使有七，合為九十八結。如《迦旃延子阿毘曇》義中說：十纏、九十八結，為百八煩惱。

所以，一百零八顆木槵子的念珠，也有對治一百零八種煩惱的意思。

道綽大師除了以身作則念佛不輟，並且廣勸僧、俗二眾稱念阿彌陀佛聖號，《續高僧傳．卷二十》記載：

或用麻豆等物而為數量，每一稱名便度一粒，如是率之乃積數百萬斛者，並以事邀結，令攝慮靜緣。道俗嚮其綏導，望風而成習矣。又年常自業穿諸木欒子以為數法，遺諸四眾教其稱念。

道綽大師為使大眾在念佛時能更好地收攝身心，就發明「小豆念佛」的方法，也可以稱為「數豆念佛」。道綽大師教大家，稱念阿彌陀佛名號之時，以麻豆等記數，每念一聲佛號便挪動一顆麻豆，念念相次，累積得數百斛；即使忘記豆子的數量，也可以用稱重的方式來計數，像是念了「一石」佛或念了「三斗」佛，對平民大眾也是一種修行的樂趣。念佛的豆子還可以用來捐獻給寺院，或者救濟貧苦，一舉多得。

據說，道綽大師的信徒中，念佛的麻豆記數數量多達九十石、八十石、五十石、三十石或二十石不等。信徒虔誠跟隨道綽大師，當信徒說自己「近日念佛念了一斗的佛號」或「最近念佛念了一石的佛號」時，總讓道綽大師覺得用麻豆來計數的數豆念佛還是不夠方便善巧；一般老百姓比較需要外出工作，甕子與豆子不方便隨身攜帶。

為了隨順眾生的需要，於是道綽大師以其善巧智慧，將「數豆念佛」改變成「數珠念佛」：教人把木欒子串在一起製成念珠，以計算念佛的數目，而且方便淨土行人隨身攜帶，讓念佛融入日常生活之中。因此，道綽大師也就成為中國佛教念珠的發明人。從此以後，念珠就成為了中國佛教徒的標準配備，尤其佛教僧人更是幾乎隨身不離念珠。

此處的「木欒子」就是指木槵子，後世的佛教徒也喜用木槵子來製造佛珠，意喻秉承佛陀經典的教誨，無有忘失。

道綽大師還自己親自穿製念珠與四眾結緣；四眾是指出家比丘、比丘尼，以及在家的居士男眾、居士女眾。道綽大師皆以木槵子念珠教其稱念佛號，佛號如珠念如線，相連成串，以念珠「攝心記數」也就從此成為中國淨土宗重要的修行方法。信徒拿著道綽大師親自串製的念珠，似乎感覺到道綽大師的加持與鼓勵，更加歡喜念佛。

道綽大師經常面向西方坐禪念佛，教導大眾不向西方涕唾、便利，不背向西方坐臥，以生起對西方淨土的恭敬心。在他勸化大眾念佛的影響下，使得當時晉陽、太原、汶水三縣七歲以上的男女老少都會稱念「阿彌陀佛」聖號。《佛說木槵子經》已經記載，念珠最初是釋迦牟尼佛開示消除煩惱的法門；道綽大師用木槵子來製作念珠，手掐念珠持佛名號來消除煩惱求生極樂世界，也算是有經典的根據。

善導大師在玄中寺求學期間，應該也從道綽大師身上學會了木槵子佛珠的製作方式並親自串製，而且依教奉行，練習了「數珠念佛」的修行方式；

此外，想必也繼承了道綽大師「自穿槵珠，勸人念佛」的志向與願力，在日後的弘法活動，亦製作念珠結緣當做弘揚念佛法門的方便法，並以念珠佛教導四眾弟子念佛。

皇帝親臨　文人仰慕

道綽大師時代，玄中寺隸屬於汾州。在道綽大師的積極弘法影響下，汾州一帶念佛風氣鼎盛，甚至逐漸稱念「阿彌陀佛」來噓寒問暖，道綽大師因此聲名遠播，從皇帝、皇親國戚、王公大臣、富商名流、貴族士紳到販夫走卒等平凡老百姓都十分敬重道綽大師。

根據《石壁寺鐵彌勒像頌並序碑》記載：「太宗昔幸北京，文德皇后不豫，輦過蘭若，禮謁禪師綽公，便解眾寶名珍，供養啟願。」玄中寺在唐朝時為皇室所重視，唐貞觀九年（西元六三五年），唐太宗李世民以其天子之尊，親臨玄中寺瞻禮，參訪道綽大師，並布施眾寶名珍，為文德皇后祈福消災祛病，重修寺宇，並賜名「石壁永寧禪寺」。顯見道綽大師德高望重，也種下善導大師日後與唐太宗、武則天、唐高宗等皇族的甚深因緣。

比起善導大師參學玄中寺的貞觀十五年，唐太宗親赴玄中寺的時間提早了數年，想必善導大師對這段歷史件並不陌生；日後善導大師在長安城弘法時，也得到了唐太宗的大力支持；除了自身的優秀表現，也算是受到了道綽大師的庇蔭。此外，元和七年（西元八一二年），唐憲宗又賜名為「龍山石壁永寧寺」。隨著皇家的重視，玄中寺不斷擴建，香火也十分鼎盛。

玄中寺有許多珍貴的文物，還有不少文人墨客來到玄中寺的足跡。在文物方面，像是北魏、北齊和隋朝的造像碑、及唐朝的戒壇碑等，還有上述備受矚目的《石壁寺鐵彌勒像頌並序碑》。

原碑係唐開元二十九年（西元七四一年）創立，前濮州鄄城縣尉林諤撰，朝議郎太原府司錄參軍常山蘇俛題額，碑文字體剛勁秀麗，為唐代女書法家、太原參軍房嶙之妻渤海高氏所書，故又簡稱《高氏碑》，吸引了許多文人墨客的仰慕。

在文人墨客方面，宋代文學家歐陽修（西元一〇〇七至一〇七二年）曾慕名前玄中寺拓印此《石壁寺鐵彌勒像頌並序碑》，極為讚歎。他在《集古錄》謂：「餘所集錄古文，自周、秦以下訖於顯德，凡為千卷，唐居其十七八。其名臣顯達下至山林幽隱之士所書，莫不皆有；而婦人之書，惟此高氏一人爾。」歐陽修對高氏書法的評價頗高。

此外，歷代詩人也留下不少絕妙詩詞。玄中寺這般淨土古剎的詩意，加上佛教祖師的傳奇事蹟，使得盛唐時期的另一位大詩人杜甫（西元七一二至七七〇年）也吟詩以對，〈夜聽許十一誦詩愛而有作〉稱道：

許生五臺賓，業白出石壁；
余亦師粲可，身猶縛禪寂。
何階子方便，謬引為匹敵；
離索晚相逢，包蒙欣有擊。
誦詩渾遊衍，四座皆辟易；
應手看捶鉤，清心聽鳴鏑。
精微穿溟涬，飛動摧霹靂；
陶謝不枝梧，風騷共推激。
紫燕自超詣，翠駮誰剪剔；
君意人莫知，人間夜寥闃。

這首詩是杜甫於天寶十四載在長安所作，杜甫的詩中「許生五臺賓，業白出石壁」，點出「許先生」曾在五臺山客居學佛，學成善業曾出遊山西石壁玄中寺；而玄中寺曇鸞大師短暫住五臺山，後移住石壁玄中寺的經歷，與許先生正好十分相似。由此可知，杜甫於詩中對許先生頗為推崇。雖然杜甫的出生比善導大師晚了九十九年，但至少可以從這首詩中反映了玄中寺的在初唐至盛唐時期學佛風氣與高文化水準。

善導大師沐浴在玄中寺這樣的高水準佛教氛圍之中，加上自身的天分及精進用功，自然進步神速，盡得道綽大師真傳。玄中寺與文人交往的藝文氣息，對於善導大師日後的詩歌、書法、繪畫等弘法手段，也有一定程度的啟發。

道綽圓寂　善導接法

唐貞觀二年（西元六二八年），六十七歲的道綽大師預知時至，欲捨報往生西方極樂世界，僧俗四眾聞之立即趕赴玄中寺。

到了四月八日釋迦牟尼佛聖誕日這一天，玄中寺擠得人山人海，現場大眾卻見到已經往生極樂世界的曇鸞大師在空中的七寶船上告訴道綽大師：「你在極樂世界的淨土堂已經建成了，但你在人間還有餘報未完成。」道綽大師聽聞後只好繼續住世人間。

此時，大眾還見到化佛、化菩薩安坐於空中，天花灑向大地，大眾都把衣襟兜起來承接薄滑可愛的天花，並對淨土法門生起無上信心，對道綽大師佩服不已。

道綽大師七十歲時，口中忽然生出新牙，尤如童年，示現返老還童，更增世人念佛信心；一直到晚年仍然身體康健，神氣清朗明爽，念佛功德不可思議。

道綽大師六十七歲時明明預知時至，卻又無法順利往生，到底還有是什麼餘報未完成，讓他不得不繼續留在人間弘法住世呢？曇鸞大師當時到底想告訴道綽大師什麼事情？這些問題在十多年後終於揭開謎底了。貞觀十五年，善導大師來到玄中寺親近道綽大師，同時也讓道綽大師繼續完成未盡的餘報，因緣不可思議！

道綽大師在貞觀二年早已經預知時至，況且曇鸞大師明確說道「淨土已成」，道綽大師的念佛境界不在話下，早已是一位修行高人。預知時至「善終」，是中國人的「五福臨門」之一，道綽大師也是一位有福的高僧啊！

善導大師來到玄中寺第四年，所學已成，道綽大師餘報已盡。唐貞觀十九年（西元六四五年）四月二十四日，道綽大師再度預知時至，與道俗告別；道綽大師知道淨土法門後繼有人，善導大師的表現令他倍感欣慰，於是安心捨報。

三天後，四月二十七日，道綽大師於玄中寺念佛往生，世壽八十四歲。《淨土論．卷三》記載道綽大師往生的瑞相：

時有白雲從西方來，變為三道白光，於自房中徹照通過，終訖乃滅；後燒墳陵時，復有五色光三道，於空中現，映遶日輪，繞訖乃止；復有紫雲，三度於陵上現。遺終弟子同見斯瑞，若准經斷，並是諸佛慈善根力能令眾生見如此事。又准華嚴經偈說：「又放光明名見佛，此光覺悟命終者；念佛三昧必見佛，命終之後生佛前。」

善導大師此時仍然跟隨著道綽大師，想必親眼目睹此等殊勝瑞相。道綽大師直到圓寂之前，駐錫於玄中寺三十餘年，弘揚淨土宗的教理和教義，四眾歸向，念佛之聲響徹山谷，使玄中寺規模漸大，並著述《安樂集》一書流傳於世。而善導大師得到了道綽禪師的印可，成為了道綽禪師門下傑出弟子，繼續將念佛法門發揚光大。

一寺三祖　思想傳承

善導大師參學道綽大師的玄中寺，也是曇鸞大師晚年駐錫的道場，玄中寺如今有供奉著曇鸞大師（西元四七六至五四二年）、道綽大師（西元五六二至六四五年）、善導大師三祖聖像的「祖師堂」。

曇鸞、道綽、善導三位大師雖然沒有直接之法脈傳承，但是三位祖師之間在修行思想方面具有繼承關係，而且三位祖師都在玄中寺駐錫過，「曇鸞—道綽—善導」因此被視為淨土宗的同一系，而且同出玄中寺，真是不可思議的殊勝因緣。

曇鸞大師尤對鳩摩羅什譯的《大智度論》、《中論》、《十二門論》和提婆譯的《百論》這四論有精深的研究，是一位學識淵博的四論宗祖師；而善導大師的剃度師父明勝法師，也是弘揚四論宗的大師，似乎也是冥冥之中的緣分。

三位祖師之中，曇鸞大師是中國淨土宗最早推動稱名念佛的大師之一。稱名念佛又稱「持名念佛」；稱名就是「口業稱名」，也就是專稱阿彌陀佛名號，可以口稱六字洪名「南無阿彌陀佛」，也可以口稱「阿彌陀佛」四字佛號。

道綽大師自誓為曇鸞大師弟子，而善導大師的稱名念佛又是傳承自道綽大師，進而開創淨土宗；所以，中國稱名念佛的特色可以說是由曇鸞大師、道綽大師和善導大師三人所建立的。善導大師雖然是求學於道綽大師，但修行思想可以上承自曇鸞大師。

來到玄中寺的善導大師，想必也親眼目睹到《曇鸞和尚碑》，發出與道綽大師同樣的驚歎，算是稱名念佛之三位大師的另類跨時空會面吧！

善導大師轉向專修稱名念佛，除了有道綽大師的教導，也與善導大師自身長年修學《觀無量壽經》有關。例如，此經提到：

智者復教合掌叉手，稱南無阿彌陀佛，稱佛名故，除五十億劫生死之罪。爾時彼佛，即遣化佛，化觀世音，化大勢至，至行者前讚言：「善哉！善男子！汝稱佛名故諸罪消滅，我來迎汝。」

可見《觀無量壽經》本身其實已經蘊含稱名念佛的修行思想了。善導大師在《觀經四帖疏．卷一．玄義分》指出：

今此《觀經》，即以觀佛三昧為宗，亦以念佛三昧為宗，一心迴願往生淨土為體。

善導大師認為《觀無量壽經》的兩大宗旨是觀佛三昧和念佛三昧，就這角度來說，他轉向專修「念佛三昧」，其實也算是前後貫穿著《觀無量壽經》的修行思想。

善導大師之前到過廬山東林寺尋訪慧遠大師的遺跡；慧遠大師將念佛

結合般若學與禪法，具有「實相念佛」的色彩。相較之下，善導大師繼承了道綽大師「稱名念佛」的修行弘法之路，並加以發揚光大，對中國佛教影響更為巨大；畢竟，中國人誰沒聽過念一句「南無阿彌陀佛」呢！

善導在玄中寺四年的求學生涯，在道綽大師的教導之下耳濡目染，增長見識，修煉其身。《續高僧傳．卷二十》稱讚道綽大師：「道俗響其綏導，望風而成習矣。」而道綽大師這陣教化之風，將隨著善導大師的弘法利生而繼續吹向終南山與長安城。

第三章　建設悟真　開宗立說

人天之樂，猶如電光，須臾即捨，還入三惡，長時受苦。為此因緣，但勸即令求生淨土，向無上菩提。

唐貞觀十九年（西元六四五年），三十三歲的善導大師完成山西玄中寺的求學生涯，盡得道綽大師真傳，領悟淨土深意，於是重返陝西終南山悟真寺，由於善導大師常期住在終南山悟真寺，故人們稱他為「終南大師」。

道宣律師的《續高僧傳．卷二七》說：「近有山僧善導者，周遊寰寓，求訪道津。」由於悟真寺與道宣律師所駐錫之豐德寺同在終南山，故道宣律師稱善導大師為「山僧」，是居住在終南山之僧的意思，也顯示了善導大師與終南山的甚深因緣。

終南山位於帝都長安之南；善導大師善用終南山的隱士修行的氛圍，一面在這裡潛心靜修，另一方面創建淨土宗，使得悟真寺成為求生西方淨土的專修道場與根本祖庭。

善導、玄奘　同年回京

「貞觀」是唐太宗李世民的年號；唐太宗在位期間，呈現政治清明、經濟復甦、文化繁榮、國泰民安的治世局面，史稱「貞觀之治」。唐代國力正步入鼎盛時期，佛教方面更是人才濟濟；貞觀之治的大唐盛世，為善導大師的弘法利生提供了極佳的助緣。

唐貞觀十九年，在善導大師從山西玄中寺回到長安之前，有件轟動中國歷史的大事件發生了，那就是玄奘大師（西元六〇二至六六四年）西行求法而歸，從天竺（印度）取經回到了長安。

玄奘法師取經載譽歸國，長安城僧俗沸騰，此時的善導大師仍在山西參學。善導大師晚了幾個月才從玄中寺回到終南山悟真寺及長安，並且在悟真寺與長安各寺院逐漸展開淨土宗的弘法志業。善導大師在長安的弘法生涯，註定與玄奘大師有著密不可分的因緣。

善導大師與玄奘大師同一年回到長安，既是巧合，也是緣分。玄奘大師回到長安時，想必善導大師此時是感念師恩，隨侍在道綽大師身旁，盡心盡力侍奉道綽大師；《觀無量壽經》裡的淨業三福，就包括了「侍奉師長」，善導大師自是依教奉行；想要留在山西汾州再多侍奉道綽大師幾年，善導大師報答師恩的心必然是懇切的。

善導大師身為道綽大師最傑出的弟子，在四年的參學階段，想必是道綽大師最得力的助手；玄中寺同時有兩大佛門龍象住世，師徒傳承甚至青出於藍而勝於藍，也是佛教的千古佳話。燈燈相傳，以心傳心，佛教慧命的傳承得以延續。

當道綽大師將「稱名念佛」的燈火，點亮善導大師的燈芯時，道綽大師也就功德圓滿、安心捨報，往生極樂世界了。帶著道綽大師的期許，善導大師發光發熱的時代隨之來臨；來到終南山與長安，善導大師成為新的領導人物。因此，也可能有玄中寺的其他淨土行人跟隨善導大師回到悟真寺，協助弘法利生。

玄奘大師的「印度取經」是行走陸路，經甘肅走廊、天山南路，入帕米爾高原，過克什米爾，再南下赴印度。多年以後，到了貞觀十九年，玄奘大師返回中國長安，此時正好也是善導大師準備從山西玄中寺返回終南山的時刻。

玄奘大師天竺（印度）取經返回的隊伍風塵僕僕地趕路，出現在長安西郊。此消息一傳十、十傳百地迅速在長安城沸沸揚揚地傳了開來，百姓們爭先恐後地擠出「開遠門」外，爭相目睹著玄奘的隊伍，「道俗奔迎，傾都罷市」，全城百姓的追星盛況比現代人的追星更加瘋狂。

玄奘的隊伍在西郊過一夜後，大臣房玄齡安排好一切接待事宜，並在第二天迎接玄奘隊伍由開遠門入長安城。朝廷選擇在開遠門「列眾禮謁」，其實有著非凡的意義。「開遠門」是隋唐絲綢之路的起點，從開遠門出發西行，經河西走廊，出敦煌再西行，通往中亞、西亞和歐洲；因此，「開遠門」可以說是絲綢之路的必經之門，長安城通向國際的大門。

開遠門外有立「堠」作為絲綢之路起點標誌；「堠」是指標記里程的土堆或土臺，五里一單堠、十里一雙堠；簡言之，「堠」也可以說是古代的道路計程標誌，標示著由始發地到目的地之間的道路里程。盛唐詩人元稹〈西涼伎〉詩即云：「開遠門前萬里堠，今來蹙到行原州。」

此外，開遠門旁曾經豎有一塊界碑，也可以說是「里程碑」，由唐代大書法家虞世南親自手書碑文，碑文內容談到：「西去安西九千九百里。」（另有一說是「西極道九千九百里。」）唐人《明皇雜錄》說：「天寶中，承平歲久，自開遠門至藩界一萬二千里，居人滿野，桑麻如織。」。司馬光的《資治通鑑》「天寶十二年」（西元七五三年）條則記載：「是時中國盛強，自開遠門西盡唐境，凡萬二千里，閭閻相望，桑麻翳路，天下稱富庶者，無如隴右。」據北宋錢易《南部新書》載：「平時開遠門外立堠，云西去安西九千九百里，以示戍人不為萬里之行。」

自「開遠門」算起，到達大唐西部邊境明明有一萬二千里，里程碑不言「萬里」而寫「九千九百里」，是給擔心「萬里長征人未還」（見王昌齡〈出塞〉詩）的人心一絲安慰了。大唐盛世的西疆如此遼闊，也凸顯了玄奘取經之行的困難與偉大。

玄奘從天竺取回來的各種珍寶，被展示在長安城內最繁華的朱雀街南邊，供長安城內的官員及百姓欣賞。根據《大唐大慈恩寺三藏法師傳·卷六》：

翌日大會於朱雀街之南，凡數百件部伍陳列，即以安置法師於西域所得如來肉舍利一百五十粒；摩揭陀國前正覺山龍窟留影金佛像一軀，通光座高三尺三寸；擬婆羅痆斯國鹿野苑初轉法輪像，刻檀佛像一軀，通光座高三尺五寸；擬憍賞彌國出愛王思慕如來刻檀寫真像，刻檀佛像一軀，通光座高二尺九寸；擬劫比他國如來自天宮下降寶階像銀佛像一軀，通光座高四尺；擬摩揭陀國鷲峯山說法花等經像金佛像一軀，通光座高三尺五寸；擬那揭羅曷國伏毒龍所留影像刻檀佛像一軀，通光座高尺有五寸；擬吠舍釐國巡城行化刻檀像等。

又安置法師於西域所得大乘經二百二十四部，大乘論一百九十二部，上座部經律論一十五部，大眾部經律論一十五部，三彌底部經律論一十五部，彌沙塞部經律論二十二部，迦葉臂耶部經律論一十七部，法密部經律論四十二部，說一切有部經律論六十七部，因論三十六部，聲論一十三部。凡五百二十夾、六百五十七部，以二十匹馬負而至。

佛經、佛像、如來肉舍利等各式珍寶，動用了二十匹馬託運至朱雀街，可見數量龐大。

當這些珍寶展示完畢要從朱雀街送回弘福寺時，如同現代熱門展覽會的最後一天一樣，又再度人山人海。「始自朱雀街內，終屆弘福寺門。數十里間都人士子、內外官僚，列道兩旁，瞻仰而立。」（《三藏法師傳．卷六》）眾人引頸觀看，只為了再多爭看一眼。

回到長安的玄奘大師，亦受到唐太宗的熱烈歡迎與無比禮遇；唐太宗急於想要知道玄奘大師西天取經之行的傳奇經歷，於是命令玄奘將路上的所見所聞編著成書，由玄奘大師本人口述，其弟子辯機法師執筆撰文，寫成了《大唐西域記》；唐太宗成為了這本遊記的第一位讀者與頭號粉絲，並且藉著此書大大開拓了他的格局與視野。

《大唐西域記》後來甚至成為吳承恩《西遊記》的故事原型，玄奘大師本人則成為齊天大聖孫悟空的師父唐三藏；「唐僧」之名遍及中國，可謂是無人不知、無人不曉。

相較於玄奘大師回長安的日子，善導大師從玄中寺回到終南山悟真寺的日子不過相差數個月而已。玄奘大師在長安一下子就成為佛教界的閃亮明星，光芒耀眼，受到世人矚目。

善導大師則不疾不徐地著手創建淨土宗，踏實誠懇，從頭扎根，不斷累積淨土宗開花結果的成熟因緣。萬事起頭難，善導大師從悟真寺開始，全面推進淨土宗的修行及弘法志業。

善導大師住持悟真寺的時間，大約為貞觀二十年（西元六四六年）至總章元年（西元六六八年），大約是善導大師三十四歲至五十六歲之間。悟真寺位於帝都長安之南（今西安市藍田縣）；不但方便善導大師在長安弘法，並讓善導大師得以與帝王皇族建立密切的關係。

建設悟真　制定體制

善導大師貞觀十九年重返悟真寺時，當時悟真寺的上座是久負盛名的慧遠法師（西元五九七至六四七年）。悟真寺的慧遠法師與淨影寺慧遠法師（西元五二三至五九二年）、江西廬山東林寺慧遠大師（西元三三四至四一六年）不是同一人，只是名字相同而已。三位慧遠法師與善導大師的一生，都有著直接或間接的相關因緣。

《弘讚法華傳．卷三》記載：「（慧）遠常誦《法華》，頻有靈感，或不加油炷燈，數日自明。後染患浹辰，斂念而卒，年五十有一，貞觀二十一年七月也。」貞觀二十一年（西元六四七年）七月，身為悟真寺棟梁之才的慧遠法師因病圓寂於悟真寺。

善導大師不捨慧遠法師圓寂，深感自己對悟真寺未來發展身負重任，捨我其誰，弘揚西方淨土法門的意志更加堅定。

悟真寺的慧超法師、保恭法師、法誠法師、慧遠法師等常住法師平日讀誦《法華經》，使得悟真寺十分重視《法華經》的日常修持。隨著善導大師從玄中寺重返悟真寺，日後在善導大師的弘揚淨土宗的助力推動下，《觀無量壽經》在悟真寺逐漸受到更大的重視。

在善導大師重返悟真寺之前，淨業法師、法誠法師等人已經為悟真寺的建設打下堅實的基礎。善導大師在貞觀十九年重返悟真寺時，悟真寺已經形成上、下兩院的龐大寺廟建築群落。善導大師住持悟真寺期間，積極在長安城展開弘法志業，淨土念佛法門逐漸弘傳開來，在終南山與長安城取得空前成功，悟真寺的名聲日益響亮。

隨著越來越多的僧俗四眾弟子來到悟真寺參學，悟真寺原有的建築規模已經不足以滿足實際需求，需要重新擴建。因此，在唐高宗永徽年間，善導大師在北嶺修立淨土別院，陸陸續續修建了淨土堂、法壇、玉像殿、迎賓閣、山門殿、接引殿等。

據傳，悟真寺當時的殿宇庭堂多達四千多間，僧眾一千餘人，擁有田地、山場、河谷等寺產面積達到五千畝以上；寺院一共有上方南院、上方北院、竹林寺、玉泉院、水陸道場、華嚴院等六大群落，綿延四公里。而且善導大師還設立了兩院的管理體制，上院對內提供精進用功專心修行，下院則是對外弘法接引眾生。

在善導大師的細心規畫下，悟真寺不但規模更加宏偉壯觀，修學與弘法體系也更加完善，為創建淨土宗打下良好基礎。

淨宗志業　帝王護持

善導大師重返終南山之後，建設悟真寺，著書立說，開宗立教，往返長安城，開展弘法志業，極受道俗的敬信，將淨土法門推向了一個全新高峰，造就了淨土法門的鼎盛時期，對中國佛教的影響更是深遠。悟真寺可說是善導大師開創淨土宗的根本祖庭和根本道場，也是善導大師一生當中住持最久的寺院。隨著善導大師長山西玄中寺返入長安城近郊的悟真寺，壯志淩雲，大弘法化，開展淨土宗的宏圖志業，使得唐朝淨土法門的中心也從山西汾州移至陝西長安。

在善導大師的成長經驗裡，早已看透隋文帝與隋煬帝護持隋代佛教發展的重要性，加上道綽大師受到唐太宗的護持，這些都讓善導大師深刻體會到佛教發展需要帝王的大力支持。

長安城就位於皇帝天子腳下，這也不難理解善導大師日後的淨土宗發展與唐太宗、唐高宗、武則天有著密切關聯。善導大師開創淨土宗，除了自身的願力與能力，與唐朝帝王護持也有一定程度的關聯。

善導大師住持悟真寺期間，時常來到長安弘法，大慈恩寺就是他時常駐錫的寺院。

大慈恩寺，位於唐長安城晉昌坊（今陝西省西安市南），是長安城氣派莊嚴的皇家寺院。唐太宗貞觀二十二年（西元六四八年），太子李治為死去的生母文德皇后（西元六〇一至六三六年）追薦陰福，報答慈母恩德，下令建寺，故取名大慈恩寺。

文德皇后生前極為敬重善導大師的師父道綽大師。據聞，因為文德皇后生病，唐太宗路過太原時，曾與文德皇后專程到玄中寺拜謁道綽大師，為文德皇后祈願祛病，並且布施供養，施捨眾寶名珍，重修寺宇，並御書寺名，賜名「石壁永寧寺」，顯見道綽大師在當時德高望重。善導大師駐錫過的山西玄中寺與長安的大慈恩寺，都與唐代皇家有甚深因緣。

大慈恩寺落成之時，太子李治奉太宗皇帝敕旨，度僧三百人，別請五十名大德「同奉神居，降臨行道」，善導大師成為大慈恩寺落成法會的五十位高僧大德之一。

太子李治下令玄奘大師自弘福寺移就大慈恩寺的翻經院，繼續翻譯佛教經典，唐太宗則親自為玄奘大師舉行盛大隆重的入寺升座儀式。玄奘大師與其弟子窺基大師創立了「唯識宗」，又稱為「慈恩宗」，大慈恩寺成為唯識宗的根本祖庭。

慈恩宗的修行人大多求生兜率淨土（彌勒菩薩於兜率天內院之淨土），以慈氏菩薩（即彌勒菩薩）為宗主。彌勒為一生補處菩薩（繼釋迦牟尼佛之後成為娑婆世界佛教教主），故有時也可稱為彌勒佛，武則天本人就十分崇信彌勒佛。

玄奘大師在大慈恩寺弘揚彌勒菩薩的兜率淨土，善導大師則在此弘揚阿彌陀佛的極樂淨土，大慈恩寺成為了中國佛教史上具有代表性的寺院。

廣義來說，求生十方任何佛國淨土，包括彌勒佛的兜率淨土在內，都可以是「淨土宗」的範圍；但一般來說，如果沒有特別說明，「淨土宗」就是專指弘揚阿彌陀佛極樂世界的淨土法門。

太子李治繼任為唐高宗後，永徽三年（西元六五二年）三月，玄奘法師欲於大慈恩寺端門之陽造一座高三十丈的大雁塔，其中一個目的是安置保存從印度西域請回來的佛經及佛像。大雁塔為玄奘大師親自設計及督造而成，從印度帶回來的眾多佛菩薩像放置於大雁塔內。

時常住在大慈恩寺的善導大師，本身就是一位佛教藝術大師，才華洋溢；不難想像，善導大師面對如此精美莊嚴的佛菩薩像，怎能不為之動容與驚歎，勢必時常禮拜及欣賞這些來自印度的佛菩薩像；以善導大師超凡的藝術才華，必能將這些玄奘大師所帶回的印度佛像優點及特色融入於他創作的淨土變相圖、敦煌壁畫以及龍門石窟造像之中。

唐高宗確實慧眼識英雄，日後下令善導大師監造洛陽龍門石窟的盧舍那大佛像，成為流芳千古的偉大志業。

大慈恩寺有兩座紀念善導大師的碑文，第一是唐高宗永隆二年（西元六八一年）義成法師撰、李振方正書的《善導禪師塔碑》，第二是唐宣宗大中五年（西元八五一年），志遇法師撰並書的《善導和尚塔銘》；不過，兩座碑文已經失傳，難以提供善導大師生平的一手資料。

後人為善導大師樹立這兩塊石碑，說明了善導大師的偉大功德與貢獻令人懷念。

精進苦修　嚴以律己

善導大師雖然經常能親近帝王家，但名聞利養榮華富貴對善導大師來說都如浮雲，都只是如幻的人天之樂，如善導大師於《觀經四帖疏．卷三》所云：

人天之樂，猶如電光，須臾即捨，還入三惡，長時受苦。為此因緣，但勸即令求生淨土，向無上菩提。

善導大師律己甚嚴，對淨土宗有強烈的使命感，弘法布教十分熱情而虔誠，期望能喚起眾生對生死大事的觸動與啟發，進而一心念佛求生淨土。

善導大師的日常修行生活記實，可以從《新修往生傳．卷二》的記述得知部分端倪：

導入堂則合掌蹦跪，一心念佛非力竭不休，乃至寒冷亦須流汗，以此相狀表於至誠。出即為人說淨土法，化諸道俗，令發道心修淨土行，無有暫時，不為利益。

三十餘年無別寢處，不暫睡眠，除洗浴外曾不脫衣。般舟行道，禮佛方等，以為己任。護持戒品，纖毫不犯，曾不舉目視女人，一切名利無心起念，綺詞戲笑亦未之有。

所行之處，爭申供養，飲食衣服四事豐饒，皆不自入並將迴施，好食送大廚供養徒眾，唯食麤惡纔得支身，乳酪醍醐皆不飲噉。

諸有嚫施將寫《阿彌陀經》，十萬餘卷，所畫淨土變相三百餘堵。所在之處，見壞伽藍及故塼塔等，皆悉營造，然燈續明，歲常不絕。三衣瓶鉢不使人持洗，始終無改。化諸有緣，每自獨行不共眾去，恐與人行談論世事妨修行業。

這段記載強調了善導大師精進嚴格苦修的修行生活，道風質樸，在平凡中見不平凡。除了積極弘法利生的志業，他在自力修行方面也從來不敢怠慢鬆懈。善導大師每入佛堂，就合掌禮拜，一心念佛，非到筋疲力竭不停止；就算是寒冬，也必須念佛到汗流浹背為止。從佛堂出來，就為眾人宣說淨土法門，教化僧俗，令他們依法修學。

善導大師「三十餘年無別寢處，不暫睡眠」，不設別房臥室，從不上床睡臥，可謂是夜不倒單的頭陀行，不躺下來睡；此外，除洗浴外，不脫其僧衣，時時刻刻提醒自己身為比丘的身分，尊重己靈而發菩提心，精進修行；人身難得，不願袈裟下失去人身，終生以弘法利生為家務。對善導大師來說，他只是盡心盡力，做好出家人的本分。

在護持淨戒方面，就如同渡海之人護惜救命浮囊一樣，要求自己「纖毫不犯」，從不舉目注視女人；一生淡泊名利，視富貴如浮雲；只要有好的衣服及美食都供養常住大眾，自己平日生活簡樸清苦，粗茶淡飯飽即休，補破遮寒暖即休，只求能維持生命成就道業。

大師常自責曰：「釋迦尚乃分衛，善導何人，端居索供。」（《往生西方淨土瑞應傳．卷一》）「分衛」就是托缽乞食，意指乞食分施僧尼，衛護令修道業，故稱「分衛」。善導大師認為，既然連釋迦牟尼佛都是托缽乞食，自己又怎敢接受供養呢？

於是，善導大師平日常樂於手托缽盂，出外行乞化食，三衣瓶缽隨身攜帶，都是自己清洗，從不因為自己受人敬仰的大師身分而由別人持洗；善導大師只是將自己當做一位平凡的佛教沙門，不願接受其他沙門禮拜。外出時，時常獨自行動，不與他人相伴，以免與人談論無意義的雜話，妨礙專修淨土淨業。善導大師在修行方面樹立了很好的典範。

《新修往生傳》的這段文字，也記載了善導大師弘法利他的菩薩行。善導大師在終南山悟真寺以及長安的光明寺、慈恩寺等各地弘法利生，言傳與身教並舉，以身作則，勉己勵人，總是為人演說淨土法門，其所度化的僧俗四眾弟子不計其數。

此外，每當見聞壞寺廢塔，就會不遺餘力地傾囊相助，因而修復重建了多座破敗的寺院、佛塔。不但所見塔廟無不修葺，以興寺弘教為己任，並且時常供油燃燈，令佛燈長明，照耀苦難眾生。

善導大師深感「生死事大，無常迅速，當勤精進，慎勿放逸。」當他自己一個人獨處時，總能克己「慎獨」，在別人看不到、聽不到的地方仍然勇猛精進、持名念佛，持戒精嚴，堅誓忍苦，時時刻刻保持修行的正念，不敢有絲毫苟且偷安之心；在自利與自覺之外，更是發菩提心利他與覺他，以弘法利生為己任。

善導大師的心地與行為永遠光明磊落，是一位頂天立地的大丈夫，樹立一代宗師的風範。

造疏感夢　五部九卷

善導大師宏圖在胸，盡力弘揚淨土念佛法門，不只重視悟真寺有形硬體方面的建設，更重視無形思想的建設；因此，在住持悟真寺期間開始著書立說。善導大師的重要著作，世稱「五部九卷」，計有：《觀經四帖疏》四卷、《觀念法門》一卷、《法事讚》二卷、《往生禮讚》一卷、《般舟讚》一卷。

其中的《觀經四帖疏》是《觀無量壽經》的注釋書，亦稱《觀無量壽佛經疏》、

《觀經疏》或《四帖疏》；此書由玄義分、序分義、定善義、散善義四部分組成，故稱《觀經四帖疏》。

「五部九卷」的另外四部分別是《觀念法門》、《法事讚》、《往生禮讚》、《般舟讚》，統稱為《具疏》，都是淨土實修的儀軌，也叫做《行儀卷》。這四部《具疏》實附屬於《觀經四帖疏》四卷，共同合為善導大師完整之著述。以上四部《具疏》只是佛教界使用的簡稱，其全稱分析如下：

一、《觀念法門》：又稱為《觀念阿彌陀佛相海三昧功德法門》、《觀念阿彌陀集》。

二、《法事讚》：上卷卷首題為《轉經行道願往生淨土法事讚》，卷末題為《西方淨土法事讚》，下卷首尾都以《安樂行道轉經願生淨土法事讚》為標目。

三、《往生禮讚》：全稱《勸一切眾生願生西方極樂世界阿彌陀佛國六時禮讚偈》，略稱《六時禮讚》、《六時禮讚偈》、《往生禮讚偈》等。

四、《般舟讚》：全稱為《依觀經等明般舟三昧行道往生讚》，又稱《般舟三昧往生讚》。

善導大師為了讓當時佛教界對《觀無量壽經》有更正確的認識，決心撰寫《觀經四帖疏》，抉擇淨土法門的正確修行思想與實踐。

《觀經四帖疏》被譽為「楷定疏」或「證定疏」，淨土宗十三祖印光大師更推崇此書為「淨業行人之指南針」；這本「楷定古今」的著作，向來深為淨土宗修行者所重視。

善導大師在撰寫《觀經四帖疏》時十分注重「感應道交」，沒有「諸佛菩薩證定」，他是絕不動筆的，這是何等的自信與氣魄。這一段「造疏感夢」的傳奇經歷，就寫在《觀經四帖疏．卷四》後面的一段跋文裡，善導大師在跋文一開始寫道：

敬白一切有緣知識等，余既是生死凡夫，智慧淺短；然佛教幽微，不敢輒生異解，遂即標心結願，請求靈驗，方可造心——

「南無歸命盡虛空遍法界一切三寶，釋迦牟尼佛，阿彌陀佛，觀音、勢至，彼土諸菩薩大海眾，及一切莊嚴相等。某今欲出此《觀經》要義，楷定古今；若稱三世諸佛、釋迦佛、阿彌陀佛等大悲願意者，願於夢中得見如上所願一切境界諸相。」

善導大師對《觀無量壽經》的深切義理研究透徹，依此經修行成就；不過，他仍然謙虛地說自己只是「生死凡夫，智慧淺短」，這令人聯想到印光大師開示：「看一切人都是菩薩，唯我一人實是凡夫。」祖師們為淨土行人樹立了謙虛的德行典範。

佛陀的教法十分幽深微妙，善導大師「不敢輒生異解」，可見善導大師注解《觀無量壽經》是保持著非常地恭敬與慎重的心情。

因此，在動筆撰寫《觀經四帖疏》之前，大師會先祈求諸佛菩薩的靈感驗證，證明他註解《觀無量壽經》是正確的，然後才敢下筆寫此書。善導大師要立願起行之前，先歸命三寶，歸命盡虛空遍法界一切三寶，包括釋迦牟尼佛、阿彌陀佛、十方諸佛，觀世音菩薩、大勢至菩薩、清淨大海眾菩薩，以及西方極樂世界一切莊嚴勝境等。

在跋文裡，善導大師令人感受最深刻的句子是：「某今欲出此《觀經》要義，楷定古今。」「某」就是善導大師自稱。善導大師為何能如此自信地說自己寫的書能夠「楷定古今」？其中一個理由就是經諸佛菩薩證定；有佛菩薩背書，信心自然不一般。

就名詞而言，「楷」有模範、楷模、標準、規範的意思；就動詞來講，「楷」有楷定、糾正的意思；「定」就是所謂的判定正誤、確定是非的意思。「楷定」意謂「判定是非，以為後世楷模」之義。

為什麼這部《觀經四帖疏》從唐代以來就被稱為楷定古今之疏？善導大師所要楷定的「古今」到底是指什麼呢？以時代來劃分，善導大師之前的叫做「古」，和善導大師同時代的則叫做「今」；「古今」所指的，即是古往今來的佛教大師或宗派對《觀無量壽經》的註解。

善導大師在佛像前立願之後，每天就誦《阿彌陀經》三遍、念阿彌陀佛三萬遍。善導大師發願起行後，感應非常迅速，當夜即見聖境，諸佛菩薩現前，有各種奇妙色彩的百千重寶山，種種光明照耀大地，大地形成黃金色，美不勝收。

善導大師在撰寫《觀經四帖疏》期間，每夜夢中都有一位聖僧親自來指授玄義科文。如善導大師回憶道（《觀經四帖疏．卷四》）：

即於當夜見西方空中如上諸相境界悉皆顯現，雜色寶山百重千重，種種光明下照於地，地如金色；中有諸佛菩薩，或坐或立，或語或默，或動身手，或住不動者。既見此相，合掌立觀，量久乃覺。覺已不勝欣喜，於即條錄義門。自此已後，每夜夢中常有一僧而來指授玄義科文，既了更不復見。

善導大師寫完《觀經四帖疏》之後，至心閉關七天，每一天持誦《阿彌陀經》十遍，稱念阿彌陀佛聖號三萬遍，並在初夜後夜，觀想西方極樂世界的依正莊嚴；善導大師祈求發願，希望十方諸佛再度來為他證明，結果一連三日都有夢境，種種瑞相再度呈現在他的眼前——

第一夜，有一人乘白駱駝來前見勸，不勞貪樂，莫作退轉，決定往生。第二夜，見阿彌陀佛身真金色，在七寶樹下金蓮華上坐，十僧圍繞。第三夜，見兩高大幢杆，道路縱橫。

善導大師在《觀經四帖疏．卷四》裡描述這一感應事蹟：

後時脫本竟已，復更至心要期七日，日別誦《阿彌陀經》十遍，念阿彌陀佛三萬遍。初夜後夜觀想彼佛國土莊嚴等相，誠心歸命一如上法。
當夜即見三具磑輪道邊獨轉，忽有一人乘白駱駝來前見勸：「師當努力，決定往生，莫作退轉。此界穢惡多苦，不勞貪樂。」答言：「大蒙賢者好心視誨，某畢命為期，不敢生於懈慢之心（云云）。」
第二夜見阿彌陀佛身真金色，在七寶樹下金蓮華上坐，十僧圍遶亦各坐一寶樹下，佛樹上乃有天衣挂繞，正面向西合掌坐觀。
第三夜見兩幢杆極大高顯，幢懸五色，道路縱橫，人觀無礙。既得此相已，即便休止不至七日。

善導大師以上所說的這些靈驗之相，原本就是為了眾生，不是為了自己。他能夠有這殊勝感應之相，實在不敢隱藏，所以將感應靈相寫出，公諸於世，祈願有因緣的眾生都能得聞而起信心。

善導大師以此功德回施給一切眾生，勸一切眾生都發菩提心，往生西方極樂世界，共成佛道。

最後，善導大師非常慎重地提醒大眾：「此義已請證定竟，一句一字不可加減，欲寫者一如經法，應知。」善導大師謂此《觀經四帖疏》已請諸佛引證，具有權威性，毋容置疑；因此，任何人要抄寫，都不能多一字或少一字。

善導大師的「五部九卷」大部分寫於住持悟真寺期間。著書立說有助於善導大師在悟真寺開宗立教，推動弘法利生的偉大志業。善導大師《觀經四帖疏．卷一》寫道：「十方恆沙佛，六通照知我，今乘二尊教，廣開淨土門。」善導大師開創淨土宗，《觀經四帖疏》就成為開宗判教之典籍。

淨土宗與玄奘大師創立的唯識宗，一起閃耀於長安，並成為中國佛教八大宗派之一。

撰文開示　臨終正念

《觀無量壽經》所說的「遇善知識」及「善友」，提醒淨土行人不可忽視臨終開示的重要性，尤其是對平日不學佛、不聽聞佛法的眾生更是如此，臨命終的開示可以為臨命終的人建立「所知事同分影像」：臨命終的人聽了善知識開示《阿彌陀經》與極樂世界的意義，而留下這個印象；當他在念佛的時候，這樣的印象就會在他心中顯現一個影像，使得阿彌陀佛與極樂世界對他而言是有深刻意義的。經過開示，臨命終的人對阿彌陀佛與極樂世界的信願由此而生，開示乃助念成效與否關鍵之一，是臨命終的人往生西方極樂世界之重要助緣。

此外，臨終大事還應該有一些注意事項。善導大師著有一篇很有影響力的〈臨終正念往生文〉，此文收錄在善導大師與道鏡法師合著的《念佛鏡·

卷二》，其篇幅並不長，全文如下：

知歸子問善道和尚曰：「世事之大莫越生死，一息不來便屬後世，一念差錯便墮輪迴，小子累蒙開誨念佛往生之法，其理甚明；又恐病來、死至之時，心識散亂，仍慮他人惑動正念，忘失淨因。伏望重示歸徑之方，俾脫沉淪之苦。」

師曰：「善哉問也！凡一切人命終欲生淨土，須是不得怕死！常念此身多苦，不淨惡業種種交纏；若得捨此穢形，超生淨土，受無量快樂，解脫生死苦趣，乃是稱意之事，如脫弊衣，得換珍服。但當放下身、心，莫生戀著。凡遇有病之時，便念無常，一心待死。叮囑家人及看病人，往來問候之人：『凡來我前，為我念佛，不得說眼前閑雜之話，家中長短之事，亦不須軟言安慰，祝願安樂，此皆虛華無益之語。若病重將終之際，親屬不得垂淚哭泣，及發嗟嘆、懊惱之聲，惑亂心神，失其正念；但當同聲念佛，助其往生，待氣盡了多時，方可哀泣。纔有絲毫戀世間心，便成罣礙，不得解脫。若得明曉淨土之人，頻來策勵，極為大幸！』若依此者，決定超生，即無疑也！」

又問曰：「求醫服藥，還可用否？」

答曰：「求醫服藥，初不相妨。然藥者只能醫病，不能醫命；命若盡時，藥豈奈何？若殺物命為藥，切不可也！」

又問曰：「求神祈福如何？」

答曰：「人命長短，生時已定，何假鬼、神能延之耶？若迷惑信邪，殺害眾生，祭祀鬼神，但增罪業，反損壽矣！大命若盡，小鬼奈何，空自慞惶，俱無所濟。切宜謹之，當以抄寫此文，帖向目前，令時昔見之，免致臨危忘失。」

又問曰：「平生未嘗念佛人，還用得否？」

答曰：「此法僧俗、男女未念佛人，用之皆得往生，決無疑矣！余多見世人，於平常念佛、禮讚，發願求生西方。及致病來，卻又怕死，都不說著往生解脫之事；直待氣消命盡，識投冥界，方始十念鳴鐘。恰如賊去關門，濟何事也？死門事大，須是自家著力始得；若一念差錯，歷劫受苦，誰人相代？思之！思之！若無事時，當以此法精進念佛，竭力受持，是為臨終大事。可謂一條蕩蕩西方路，徑直歸家莫問津。」

善導大師的開示指出：要往生極樂世界，首先就是要「不怕死」。怕死就是留戀娑婆世界之心仍重，也是欣求極樂世界之心不切；沒有在娑婆世界死，如何往生極樂世界呢？往生極樂世界是受無量快樂，解脫娑婆世界的痛苦，離苦得樂，真實修行的淨土行人高興都來不及了，怎麼會害怕死呢？

善導大師並建議，親屬不得垂淚哭泣，及發嗟嘆、懊惱之聲，惑亂臨終之人的心神，失其正念。在〈臨終正念往生文〉的最後，善導大師的開示提醒眾生：「死門事大，須是自家著力始得！」

善導大師對自己要求嚴格，念佛非到筋疲力竭是不會休止的，顯然他非常重視平日的用功修行，而不只有等到臨終才提起正念。善導大師求學於道綽大師，從道綽大師的言談身教裡，也體認到平日用功修行的重要性。道綽大師在《安樂集》裡說道：

依《大莊嚴論》，勸一切眾生，常須繫念現前，偈云：

盛年無患時，懈怠不精進；
貪營眾事務，不修施戒禪；
臨為死所吞，方悔求修善。
智者應觀察，除斷五欲想；
精勤習心者，終時無悔恨。

心意既專至，無有錯亂念；
智者勤投心，臨終意不散；
不習心專至，臨終必散亂。
心若散亂時，如調馬用磑；
若其鬥戰時，迴旋不直行。

上文提到：「心若散亂時，如調馬用磑；若其鬥戰時，迴旋不直行。」是道綽大師非常鮮明生動的比喻。「磑」是石磨，可以不斷旋轉來磨麵粉之類的，馬繫於此而調御。石磨象徵佛號，戰馬象徵心意念頭；「調馬用磑」，表示念頭隨時繫於佛號之上，片刻不離。道綽大師顯然十分重視平日的修行，希望淨土行人不要等到臨終時妄念紛飛。

善導大師在《觀經四帖疏．卷四》說：「當夜即見三具磑輪道邊獨轉，忽有一人乘白駱駝來前見勸。」善導大師在夢中見到有三具形狀就像石磨綁馬的器具，與其恩師道綽大師「調馬用磑」的譬喻，在修行精神上相通。

入觀臨睡 發願見佛

善導大師非常重視平日的精進修行，連睡覺的時候，都不願意懈怠，亦教淨土行人如何在夢中見佛。明代蓮池大師校正、莊廣還輯的《淨土資糧全集．卷五》中，收錄了一篇〈善導大師勸修淨土入觀臨睡發願文〉，全文如下：

修淨土者，凡入觀與睡時，應先起立，合掌，一心向西，十稱四聖名號畢，即發願言：「弟子現是生死凡夫，罪業深重，輪迴六道，不能出離。今遇善知識，得聞彌陀名號，本願功德，一心稱念，願生淨土，願佛哀憐，攝受接引。弟子某，不識彌陀世尊身相光明，願佛菩薩示現身相，及國土莊嚴等事，令我了了得見。」說是語已，一心正念，即便入觀及睡，不得雜語，不得雜想。或於正發願時見諸瑞相，或於觀中得見，或於夢中得見。此法近來大靈驗，精進行之，方信不虛（虛）。

考證　蓮池禪師曰：「善導大師，古稱阿彌陀佛化身。今此願文，修淨土人所宜深信，慎勿以暫時無驗，而輒廢墜；務在久遠行持，必於淨土功不唐捐也。」

這一篇發願文幫助淨土行人入觀與睡時發願見佛。蓮池大師特別提醒淨土行人「務在久遠行持」，終究功不唐捐而能有所感應。在《樂邦文類》、《淨土指歸集》、《西方直指》與《清珠集》等佛教古書也有類似的發願文，這些內容大同小異的發願文應該是參考了善導大師在《往生禮讚．卷一》裡的一段發願文：

若入觀及睡眠時，應發此願，若坐若立，一心合掌，正面向西，十聲稱阿彌陀佛、觀音、勢至諸菩薩清淨大海眾竟：「弟子（某甲）現是生死凡夫，罪障深重，淪六道苦不可具云。今日遇善知識，得聞彌陀本願名號，一心稱念，求願往生；願佛慈悲，不捨本弘誓願攝受。弟子不識彌陀佛身相光明，願佛慈悲，示現弟子身相，觀音、勢至、諸菩薩等，及彼世界清淨莊嚴光明等相。」道此語已，一心正念，即隨意入觀及睡。或有正發願時即得見之，或有睡眠時得見，除不至心。此願比來大有現驗。

這是非常有意義的一項修行方式。所謂「夜莫空過，存念三寶」，在夢中亦可以修行，許多淨土行人實踐之後都得到感應，能夠在夢中見阿彌陀佛、觀世音菩薩、大勢至菩薩及諸菩薩等，乃至見到西方極樂世界的清淨莊嚴。每一晚若有這樣的吉祥夢，肯定可以增加淨土行人的信心。

具足三心　五念四修

善導大師針對祈願往生淨土之實踐要項，在《往生禮讚・卷一》還提出了「安心」、「起行」、「作業」的修行觀。善導大師說：「今欲勸人往生者，未知若為安心、起行、作業，定得往生彼國土也？」

一、「安心」。即是指《觀無量壽經》所說的「至誠心」、「深心」與「回向發願心」等三心。善導大師在《往生禮讚・卷一》寫道：

必欲生彼國土者。如《觀經》說者：「具三心必得往生」。何等為三？一者「至誠心」。所謂身業禮拜彼佛，口業讚歎稱揚彼佛，意業專念觀察彼佛；凡起三業，必須真實，故名至誠心。

二者「深心」。即是真實信心，信知自身是具足煩惱凡夫，善根薄少，流轉三界，不出火宅；今信知彌陀本弘誓願，及稱名號，下至十聲、一聲等，定得往生，乃至一念無有疑心，故名深心。

三者「回向發願心」。所作一切善根，悉皆回願往生，故名回向發願心。

具此三心必得生也；若少一心，即不得生，如《觀經》具說應知。

善導大師的「必欲生彼國土者」這句話用得非常好。經文是說「欲生彼國土者」或「欲生彼國土」，善導大師多用一個「必」字，表示淨土行人往生的「願」心極為強烈。善導大師強調說：「具此三心必得生也」，要往生極樂世界必須要全部具足這三心；而且，三心之中，就算缺少其中一心，都「不得往生」，可知三心之重要。

在三心之中，善導大師強調「深心」的兩種真實信心。第一種信心是要相信自己是具足煩惱的凡夫，而且曠劫以來常沒（沉沒於三界生死）、常流轉，無有出離之緣。第二種信心是深信阿彌陀佛本弘誓願，以及稱阿彌陀佛名號，下至十聲、一聲，就一定往生。

善導大師把《無量壽經》的第十八願的「十念」解釋成「十聲」、「一聲」的阿彌陀佛名號，可說是非常殊勝的一種詮釋。

二、「起行」。是由安心而發起的身、口、意三業之修行，就是指「禮拜門」、「讚歎門」、「憶念觀察門」、「作願門」、「回向門」等五念門。善導大師的五念門是出自印度天親菩薩的《往生論》，也稱為《淨土論》。善導大師在《往生禮讚．卷一》寫道：

一者「身業禮拜門」：所謂一心專至，恭敬合掌，香華供養，禮拜阿彌陀佛。禮即專禮彼佛，畢命為期，不雜餘禮，故名禮拜門。

二者「口業讚歎門」：所謂專意讚歎彼佛身相光明、一切聖眾身相光明、及彼國中一切寶莊嚴光明等，故名讚歎門。

三者「意業憶念觀察門」：所謂專意念觀彼佛，及一切聖眾身相光明、國土莊嚴等，如《觀經》說；唯除睡時，恒憶、恒念、恒想、恒觀此事等，故名觀察門。

四者「作願門」：所謂專心，若晝若夜，一切時一切處，三業四威儀所作功德，不問初中後，皆須真實心中發願願生彼國，故名作願門。

五者「回向門」：所謂專心，若自作善根，及一切三乘、五道，一一聖凡等所作善根，深生隨喜；如諸佛菩薩所作隨喜，我亦如是隨喜。以此隨喜善根，及己所作善根，皆悉與眾生共之回向彼國，故名回向門。

善導大師提醒修行不離身、口、意三業；此五念門之「禮拜門」是身業，「讚歎門」是口業，「憶念觀察門、作願門、回向門」則屬於意業。在五念門之中，意業的修行占了三門，占了五分之三，超過一半，顯然善導大師特別重視淨土行人的心念淨化。

三、「作業」。是策勵上述三心五念之行持，就是指「恭敬修」、「無餘修」、「無間修」、「長時修」。善導大師在《往生禮讚．卷一》寫道：

一者「恭敬修」：所謂恭敬禮拜彼佛及彼一切聖眾等，故名恭敬修。畢命為期，誓不中止，即是「長時修」。

二者「無餘修」：所謂專稱彼佛名，專念、專想、專禮、專讚彼佛及一切聖眾等，不雜餘業，故名無餘修。畢命為期，誓不中止，即是「長時修」。

三者「無間修」：所謂相續恭敬禮拜、稱名讚歎、憶念觀察、回向發願，心心相續，不以餘業來間，故名「無間修」。又不以貪瞋煩惱來間，隨犯隨懺，不令隔念、隔時、隔日，常使清淨，亦名無間修。畢命為期，誓不中止，即是「長時修」。

總之，善導大師以「安心」為本，以「安心」為先，然後依序漸進，再接著「起行」、「作業」，並且以往生極樂世界為目標。

善導大師思想非常重視「本願稱名，凡夫入報。」也就是說，罪業凡夫仰靠阿彌陀佛本願力，只要一心稱念阿彌陀佛名號，就必能往生西方極樂世界的報土，終至成佛，這被視為阿彌陀第十八大願之根本要義。《無量壽經·卷一》的第十八願曰：

設我得佛，十方眾生，至心信樂，欲生我國，乃至十念，若不生者，不取正覺，唯除五逆、誹謗正法。

善導大師的「本願稱名」也反映在「正助二業」的修行思想上，《觀經四帖疏·卷四》寫道：

言「正行」者，專依往生經行行者是名正行。何者是也？

一心專讀誦此《觀經》、《彌陀經》、《無量壽經》等。

一心專注思想、觀察、憶念彼國二報莊嚴。

若禮，即一心專禮彼佛。

若口稱，即一心專稱彼佛。

若讚歎、供養，即一心專讚歎供養。

是名為正。又就此正中，復有二種：

一者一心專念彌陀名號，行住坐臥不問時節久近，念念不捨者，是名正定之業，順彼佛願故。若依禮誦等，即名為助業。

上述的「五正行」即是「讀、觀、禮、稱、讚」，以其中第四的「稱名」念佛為往生淨土的「正定之業」，簡稱「正業」，而以「讀誦」、「觀察」、「禮拜」、「讚歎」四種為「助業」，而「正業」與「助業」可以合稱「正助二業」。

善導大師「凡夫入報」思想中的凡夫，是指五濁惡世的凡夫，眾苦逼迫，猶如溺水之人，常沒、常流轉；善導大師認為《觀無量壽經》就是釋迦牟尼佛為凡夫眾生而說法的，是以凡夫為本位的。阿彌陀佛大悲於苦者，心偏愍念常沒凡夫，如《觀經四帖疏．卷一》裡所說：「但此《觀經》，佛為凡說，不干聖也。」《觀經四帖疏．卷一》還說道：

又看此《觀經》定善，及三輩上下文意，總是佛去世後，五濁凡夫，但以遇緣有異，致令九品差別。何者？

上品三人，是遇大凡夫；中品三人，是遇小凡夫；下品三人，是遇惡凡夫。以惡業故，臨終藉善，乘佛願力，乃得往生，到彼華開，方始發心，何得言是始學大乘人也？若作此見，自失誤他，為害茲甚。今以一一出文顯證，欲使今時善惡凡夫同沾九品，生信無疑，乘佛願力，悉得生也。

依善導大師的判定，往生西方極樂世界的九品蓮花的眾生，都是五濁惡世的凡夫，而不是聖者；而且，整部《觀無量壽經》是釋尊為未來世的五濁凡夫所說，非為聖者所說。《觀無量壽經．卷一》寫道：「佛告韋提希：『汝是凡夫，心想羸劣，未得天眼，不能遠觀；諸佛如來有異方便，令汝得見。』」善導大師依據這段經文而楷定韋提希夫人是凡夫，而非聖者；因此，《觀經四帖疏．卷二》說道：「從佛告韋提下，至令汝得見已來，正明夫人是凡非聖；由非聖故，仰惟聖力冥加，彼國雖遙得覩。」

「本願稱名，凡夫入報」的修行思想，其中的「報」是指「報土」。善導大師非常明確地指出西方極樂世界屬於報土，不是化土，故說「是報非化」。善導大師在《觀經四帖疏．卷一》開示道：

問曰：彌陀淨國，為當是報是化也？

答曰：是報非化。云何得知？如《大乘同性經》（卷下意）說：「西方安樂阿彌陀佛，是報佛報土。」又《無量壽經》云：「法藏比丘，在世饒王佛所，行菩薩道時，發四十八願，一一願言：若我得佛，十方眾生，稱我名號，願生我國，下至十念，若不生者，不取正覺。」今既成佛，即是酬因之身也。又《觀經》中，上輩三人，臨命終時皆言：阿彌陀佛，及與化佛，來迎此人。然報身兼化，共來授手，故名為「與」。以此文證，故知是報。

善導大師舉出《大乘同性經》、《無量壽經》、《觀無量壽經》等三部經典證明「是報非化」之義。

極樂世界既為高妙的報土，罪障凡夫如何能往生到報土呢？善導大師在《觀經四帖疏・卷一》開示道：

問曰：「彼佛及土，既言報者，報法高妙，小聖難階；垢障凡夫，云何得入？」

答曰：「若論眾生垢障，實難欣趣；正由託佛願以作強緣，致使五乘齊入。」

如果就凡夫眾生的煩惱汙垢業障來說，凡夫往生到報土是不可能的事情，為什麼凡夫還能到極樂世界的報土呢？這就是靠阿彌陀佛的大願力作為強緣、作為增上緣，來令五乘（人、天、聲聞、緣覺、菩薩）齊入。

五乘行人往生西方極樂世界都是靠阿彌陀佛的大願力加持的，所以善導大師認為：「望佛本願，意在眾生，一向專稱，彌陀佛名。」（《觀經四帖疏．卷四》）而《無量壽經．卷二》曰：「其佛本願力，聞名欲往生，皆悉到彼國，自致不退轉。」

凡夫往生極樂世界便是獲得轉凡成聖的機會，得不退轉，佛果非遙。阿彌陀佛的本願力實在十分殊勝，眾生切勿封拙懷迷、畫地自限，喪失往生極樂世界之大利益。

善導大師主張「本願稱名，凡夫入報」，除了是自己的真知灼見，也受到其恩師道綽大師的思想啟發。《安樂集．卷一》談到：

問曰：「今現在阿彌陀佛是何身？極樂之國是何土？」

答曰：「現在彌陀是報佛，極樂寶莊嚴國是報土。然古舊相傳皆云：『阿彌陀佛是化身，土亦是化土。』此為大失也。若爾者，穢土亦化身所居，淨土亦化身所居者，未審如來報身更依何土也？今依《大乘同性經》辨定報化、淨穢者，經云：『淨土中成佛者，悉是報身；穢土中成佛者，悉是化身。』」

道綽大師主張「阿彌陀佛是報佛，極樂世界是報土」，對於「阿彌陀佛是化佛，極樂世界是化土」的說法非常不以為然。

道綽大師在《安樂集．卷一》進一步談到：

明彌陀淨國位該上下，凡聖通往者。今此無量壽國是其報淨土，由佛願故，乃該通上下，致令凡夫之善竝得往生，由該上故，天親、龍樹及上地菩薩亦皆生也。

道綽大師深信凡罪業夫依靠阿彌陀佛的願力可以往生極樂世界的報土，凡夫與聖者都可以往生極樂世界。道綽大師道綽大師仰承龍樹菩薩與曇鸞大師的判教思想，進而分判佛教為「聖教門」與「淨土門」，提出「約時被機，勸歸淨土」，「約時」，即是指末法之時，「被機」，即是指末法之時的眾生根機不堪修行，因此道綽大師倡導勸歸淨土。道綽大師在《安樂集．卷一》寫道：

又問曰：「一切眾生皆有佛性，遠劫以來應值多佛。何因至今仍自輪迴生死，不出火宅？」

答曰：「依大乘聖教，良由不得二種勝法，以排生死，是以不出火宅。何者為二？一謂聖道；二謂往生淨土。其聖道一種今時難證。一、由去大聖遙遠；二、由理深解微。是故《大集月藏經》云：『我末法時中，億億眾生起行修道，未有一人得者。』當今末法，現是五濁惡世，唯有淨土一門，可通入路。是故《大經》云：『若有眾生，縱令一生造惡，臨命終時，十念相續稱我名字，若不生者，不取正覺。』又復一切眾生都不自量，若據大乘，真如、實相、第一義空，曾未措心；若論小乘，修入見諦、修道，乃至那含、羅漢，斷五下、除五上，無問道、俗未有其分。縱有人、天果報，皆為五戒、十善能招此報，然持得者甚希。若論起惡造罪，何異暴風駃雨？是以諸佛大慈勸歸淨土。縱使一形造惡，但能繫意專精，常能念佛，一切諸障自然消除，定得往生。何不思量，都無去心也？」

道綽大師將《無量壽經》第十八願寫成：「若有眾生，縱令一生造惡，臨命終時，十念相續，稱我名字，若不生者，不取正覺。」其中的「縱令一生造惡」的眾生，就包括了五逆十惡的極度惡業的凡夫；而道綽大師的「十念相續，稱我名字」，更是與善導大師的「稱我名字，下至十聲」（《觀念阿彌陀佛相海三昧功德法門．卷一》）聲氣相通。

道綽大師的淨土思想對於善導大師啟發甚大，而善導大師五部九卷的著作就體現了「本願稱名，凡夫入報」的修行思想。

五逆往生　開攝取門

善導大師從道綽大師所參學的修行思想之一是來自《無量壽經》。現存的《無量壽經》共有五種譯本，善導大師與道綽大師很可能是以曹魏康僧鎧譯本為根本依據。

康僧鎧譯本的《（佛說）無量壽經．卷一》的第十八願曰：

設我得佛，十方眾生至心信樂欲生我國，乃至十念，若不生者，不取正覺；唯除五逆、誹謗正法。

《無量壽經．卷二》又寫道：

諸有眾生，聞其名號，信心歡喜，乃至一念，至心迴向，願生彼國，即得往生，住不退轉；唯除五逆、誹謗正法。

經中的「五逆」是指五逆重罪，是指五種罪大惡極，極逆於常理的罪業，包括：殺父、殺母、殺阿羅漢、破和合僧、出佛身血。五逆重罪又稱為五無間罪、五逆罪、五重罪、五不救罪；眾生只要犯有五逆重罪中的一種或者多種，其命終之後決定會墮入無間地獄（阿鼻地獄），受苦無盡，雖千萬劫，求出無期。

《無量壽經》的立場明確表示，犯下五逆重罪或誹謗正法的眾生，無法往生西方極樂世界，屬於「五逆不得往生」的主張。

相較之下，《觀無量壽經》的經文展現了比《無量壽經》更加廣大的包容性，展現了惡人可以往生的修行思想。《觀無量壽經．卷一》曰：

下品下生者，或有眾生作不善業，五逆、十惡，具諸不善。如此愚人以惡業故，應墮惡道，經歷多劫，受苦無窮；如此愚人臨命終時，遇善知識，種種安慰，為說妙法，教令念佛。彼人苦逼，不遑念佛；善友告言：「汝若不能念彼佛者，應稱歸命無量壽佛。」如是至心令聲不絕，具足十念，稱南無阿彌陀佛；稱佛名故，於念念中，除八十億劫生死之罪。命終之時見金蓮花，猶如日輪，住其人前，如一念頃，即得往生極樂世界。

「十惡」是指「殺、盜、淫、兩舌、惡口、妄言、綺語、貪、瞋、癡」。《觀無量壽經》的立場則認為，犯下五逆重罪或十惡重罪的眾生也可以往生西方極樂世界，屬於「五逆往生」的主張。

兩部經典關於「五逆不得往生」與「五逆往生」的差異說法似乎成為矛盾，互有出入。善導大師在淨土宗的修行與弘法上，勢必要能夠對兩部經典的差異處加以疏通與抉擇。《觀經四帖疏．卷四》中便寫道：

問曰：「如四十八願中，唯除五逆、誹謗正法不得往生。今此《觀經》下品下生中，簡謗法、攝五逆者，有何意也？」

答曰：「此義仰就『抑止門』中解。如四十八願中除謗法、五逆者，然此之二業其障極重，眾生若造直入阿鼻，歷劫周慞無由可出。但如來恐其造斯二過，方便止言『不得往生』，亦不是不攝也。又下品下生中取五逆、除謗法者，其五逆已作，不可捨令流轉，還發大悲攝取往生；然謗法之罪未為，又止言『若起謗法，即不得生』，此就未造業而解也。若造，還攝得生，雖得生彼，華合逕於多劫。此等罪人在華內時有三種障：一者不得見佛及諸聖眾；二者不得聽聞正法；三者不得歷事供養。除此已外，更無諸苦。經云：『猶如比丘入三禪之樂也。』應知，雖在華中多劫不開，可不勝阿鼻地獄之中長時永劫受諸苦痛也。此義就『抑止門』解竟。」

善導大師是從《觀無量壽經》的思想來解釋《無量壽經》第十八願願文。善導大師判分「抑止門」與「攝取門」二門，認為《無量壽經》的「五逆不得往生」是「抑止門」之義。因為，犯下五逆重罪及毀謗正法的罪業極大，必墮無間地獄受無量苦；佛陀為了「抑止」這悲劇發生，只好事先說「不得往生」，警惕五濁惡世的眾生莫犯下此等糊塗事。

罪業眾生若不聽佛陀老人言，吃虧在眼前；等到臨終業報現前，四大紊亂，身心交迫，恐懼萬分，就怕臨時連佛腳都抱不到，連一句佛號都叫不出口了！「抑止門」就像老父親警告孩子說：「早跟你講過多少次了，你就是不聽，結果你還是犯下這樣的滔天大錯，別寄望我會再幫你了，你永遠不要給我回來！」事實上，老父親怎麼可能袖手旁觀自己的孩子走投無路！

相對於直接使用的「抑止門」一詞，善導大師雖然沒有直接使用「攝取門」一詞，但《觀經四帖疏》確實有相對於「抑止門」的「攝取」立場，所以可以說善導大師「攝取門」的觀念是存在的。

與「抑止門」相較之下，善導大師將《觀無量壽經》的「五逆往生」判定為「攝取門」。惡人亦是佛子，慈父阿彌陀佛不可能捨棄惡人，即使犯再多的過錯，孩子永遠是老父親心頭的一塊肉；只要浪子回頭，慈父的家門永遠為你敞開。阿彌陀佛以大慈大悲大願力「攝取」眾生，鼓勵惡人改過懺悔，稱名得往生，西方極樂世界就是一切苦難眾生的家園。

《無量壽經》的「吾誓得佛，普行此願；一切恐懼，為作大安。」阿彌陀佛早已發誓，在眾生一切恐懼怖畏中，作大安隱、大安樂的無畏慰藉。而《觀無量壽經》則點出：「佛心者，大慈悲是。」阿彌陀佛的佛心大悲與深智大願，實非凡夫眾生心所能測度。

此外，善導大師更在《法事讚．卷一》說：

> 以佛願力，五逆之與十惡，罪滅得生；謗法闡提，回心皆往。

《般舟讚．卷一》則云：

> 聲聲連注滿十念，念念消除五逆障；謗法闡提行十惡，回心念佛罪皆除。

「闡提」，是「一闡提」（Icchantika）的略稱，意為「不具信」或稱「斷善根」，用以稱呼不具信心、斷了成佛善根的人。

善導大師認為，不只是五逆、十惡、謗法之人可以稱念阿彌陀佛名號往生西方極樂世界，阿彌陀佛連一闡提的眾生都不放棄，回心念佛，亦得往生，可謂是「攝取」眾生的範圍越來越廣大。

由此可以看出，善導大師是以《觀無量壽經》的「攝取門」為他的修行與弘法的立場。善導大師在《觀經四帖疏．卷四》讚云：

下輩下行下根人，十惡五逆等貪瞋；
四重偷僧謗正法，未曾慚愧悔前愆。
終時苦相如雲集，地獄猛火罪人前；
忽遇往生善知識，急勸專稱彼佛名。
化佛菩薩尋聲到，一念傾心入寶蓮；
三華障重開多劫，於時始發菩提因。

雖然五逆、十惡與譭謗正法之人臨命終時，念佛與懺悔固然有往生的機會；但是，淨土行人平時應該依教奉行，累積「淨業三福」和「善根福德」的淨業。

如宏印法師說（《宏印法師演講集》）：

淨土的經典相當圓滿、兼容並蓄，並沒有說捨棄正常的社會人事，反而說要先做好這些角色，然後修福、修慧，齋戒、念佛、回向往生。如大阿彌陀經、無量壽經，分上中下三輩往生，觀無量壽經則分九品，即所謂的「三輩九品」，都是很兼容並蓄的注意到修種種功德、種種智慧，兼顧其他的法門，來莊嚴、相應念佛的法門。

除了稱念阿彌陀佛名號，淨土行人平時也應該多多積功累德，修十善業，發菩提心，行菩薩道，信、願、行三資糧具足，以成就往生的「淨業」。

「淨業」是「清淨業」的意思，「淨業往生」是指淨土行人主動積極地「成就往生的淨業」，就能決定往生。善導大師為《觀無量壽經》經義的弘揚者與精進實踐者，畺良耶舍譯《觀無量壽經．卷一》裡談了不少「淨業往生」的修行觀念：

爾時世尊告韋提希：「汝今知不？阿彌陀佛去此不遠；汝當繫念，諦觀彼國『淨業』成者。我今為汝廣說眾譬，亦令未來世一切凡夫欲修『淨業』者，得生西方極樂國土。欲生彼國者，當修三福：一者、孝養父母，奉事師長，慈心不殺，修十善業。二者、受持三歸，具足眾戒，不犯威儀。三者、發菩提心，深信因果，讀誦大乘，勸進行者。如此三事名為『淨業』。」

佛告韋提希：「汝今知不？此三種業，乃是過去、未來、現在三世諸佛『淨業』正因。」

此三福業，又稱為「淨業三福」或「三福淨業」，這段經文短短不到兩百字，就談到了四次「淨業」，並且強調三福業是「過去、未來、現在三世諸佛淨業正因。」佛陀告訴韋提希夫人，修淨業者，得生西方極樂國，淨土行人應該當依教奉行，勤修淨業。善導大師在《觀經四帖疏・卷二》注釋這段經文時說：「從『佛告韋提』下至『正因』以來，明其『引聖勵凡』，但能決定注心，必往無疑。」善導大師說三福業的淨業正因能決定注心，必定往生無疑。從《觀無量壽經》來看，發菩提心也是「淨業三福」的淨業內容之一，事實上發菩提心的功德無量無邊，是積德修福最迅速的方法，最為第一，最為殊勝，欲往生淨土，應當發無上菩提心，取法乎上，方為上策。

善導大師在其著作裡便多次提及發菩提心。例如：「言發菩提心者，此明眾生欣心趣大，不可淺發小因。自非廣發弘心，何能得與菩提相會？」

（《觀經四帖疏．卷二》）又說：「以此功德迴施眾生，悉發菩提心，慈心相向，佛眼相看，菩提眷屬作真善知識，同歸淨國，共成佛道。」（《觀經四帖疏．卷二》）善導大師淨土行人要廣發菩提心，展現大乘行者的本色。如道宣律師在《續高僧傳．卷二七》所云：「近有山僧善導者，周遊寰寓求訪道津，行至西河遇道綽部，惟行念佛彌陀淨業。」亦即道宣律師認為善導大師是在行念佛彌陀「淨業」。

淨土行人與其面對臨終念佛的「臨時抱佛腳」，不如「平日多燒香」，稱念阿彌陀佛聖號，積極成就往生的淨業。淨土行人具足信願行三資糧，蒙受阿彌陀佛的佛力攝受，修淨業往生，不但符合緣起的因果法則，同時更能夠顯出淨土行人的大乘菩薩修行本色。

第四章　傳奇感應　家家彌陀

漸漸雞皮鶴髮，看看行步龍鍾；假饒金玉滿堂，難免衰殘老病。任汝千般快樂，無常終是到來。唯有徑路修行，但念阿彌陀佛。

善導大師一生的個人修行與弘法利生總是不斷發生傳奇感應事蹟，真是不可思議。《佛說無量壽經．卷一》云：「為眾生故，被弘誓鎧，積累德本，度脫一切。」善導大師為眾生故，弘誓之心堅如鐵，積極教化眾生，在長安城造成「家家彌陀，戶戶觀音」的盛況。

五寸金佛　開石獻瑞

唐高宗永徽年間，悟真寺在北側進行寺院相關的建設工程時，發生了一件不可思議的感應事蹟，極其殊勝。根據《法苑珠林．卷十四》記載：

唐永徽年，雍州藍田東悟真寺，寺居藍谷之西崖，製窮山美，殿堂嚴整。有像持寺北隒更修別院，大石橫礎甚為妨礙；乃以火燒水沃之令散，終無以致。便以鐵椎打破，中獲金像一軀，四面無縫，天然裹甲，不知何來；像趺全具，非工合作，亦不識是何珍寶，高五寸許。今在山寺，其年益州光明柱上有一佛二菩薩現，雖削還影出；初在九隴佛堂，長史張緒以聚眾移入光明，今現在。

在善導大師進行寺院擴建工程時，有一顆巨大無比的堅硬岩石，橫臥在大路上，甚為妨礙，工匠們只好想各種辦法處理眼前困境。但是，不論是想以烈火將巨石燒至裂開，或者是欲以熱水將巨石燙碎，巨石展現了其頑石本色，如如不動，絲毫沒有碎裂的跡象。最後，只好讓體形壯碩的工匠動用鋼釬、鐵錘等工具來鑿開巨石；這招果然見效，巨石逐漸出現裂縫；經過數天努力，巨石終於劈開。

但是，就在石開之際，眾人驚訝地發現巨石裡面竟然藏有高約五寸的金色佛像一尊，散發著金光，吸引在場眾人的目光，震撼了眾人心靈。等心情稍微平復之後，眾人進一步觀察，發現巨石四面包裹嚴實，無一絲縫隙，絕不可能是有人事先將這尊金佛安放進去的。善導大師聽聞消息之後，也立即趕來巨石現場，手中捧著金佛激動不已。於是，善導大師將這尊金佛視為鎮寺之寶，供奉在悟真寺大殿裡。

這一件奇聞立刻就一傳十、十傳百地散播開來，不久後便轟動了整座長安城，進而使得各地僧人及善男信女們都爭相來到悟真寺，想親眼目睹這尊具有傳奇色彩的金色佛像。

這件不可思議的感應事蹟，可說是淨土宗開宗立派的靈瑞祥兆，使得善導大師創建淨土宗的決心與信心更加堅固。

佛像放光　折服金剛

善導大師時常往返於長安與終南山悟真寺之間，為弘法而辛苦奔波。大師在長安城的弘法也並不是一帆風順的；崇敬者與追隨者固然有之，但也遭到了不少質疑者與反對者，其中還包括了當時的僧人對善導大師法義的質疑與辯論。

例如，有一次，善導大師就是在長安城的西京寺內與金剛法師進行辯論，主題為關於專念佛能不能往生的問題。金剛法師下了挑戰書，與善導大師較量念佛的殊勝與敗劣。所謂真金不怕火煉，真理越辯越明；然而，即使善導大師能言善辯、才思敏捷，又能引經據典、旁徵博引，但金剛法師就是不能信服念佛功德的殊勝，堅執己見，不認為稱名念佛可以往生西方極樂世界。

善導大師觀察金剛法師根性，不以特別手段是無法使他折服的。高手過招，一招便知分曉。於是，善導大師登上高座，並發誓說：

准諸經中世尊說，念佛一法得生淨土，一日、七日，一念、十念阿彌陀佛定生淨土，此是真實不誑眾生者，即遣此堂中二像總皆放光。若此念佛法虛，不生淨土，誑惑眾生，即遣善導於此高座上即墮大地獄，長時受苦，永不出期！（唐沙門道鏡、善道共集，《念佛鏡．卷一》）

善導大師發下重誓：念佛往生西方的法門，若是真實不虛，就請殿堂裡的兩尊佛像放出光明作為證明；若是念佛法門虛妄不實，善導大師願立刻從高座墮入阿鼻地獄受苦，永無出期。善導大師立完誓願後，就將手中的如意杖指向佛堂，結果滿堂佛像頓時大放光明。

由於事出突然，出於意料之外，金剛法師目睹此殊勝不可思議靈驗事蹟，在驚慌之中從高座上跌落，五體投地，匍匐在善導大師面前，頂禮膜拜，慚愧地向善導大師懺悔，不敢再辯。從此以後，金剛法師至心服仰淨土法門，一心念佛，發願求生西方極樂世界。

這則故事彰顯了善導大師的慈悲——為了讓眾生能夠生起念佛往生的堅固信念，不惜以自己墮入地獄來做賭約，善導大師的菩薩心腸由此可見一斑，同時也彰顯了阿彌陀佛對每一位眾生的悲願救度。

滻河水聲 可教念佛

八水繞長安，指的是長安城四周的八條河流：渭河、涇河、灃河、澇河、潏河、滈河、滻河、灞河；滻河就是長安城周邊的其中一條河。

善導大師心繫眾生，時常勸人持名念佛，希望將持名念佛的淨土法門弘揚開來，南宋王日休居士所撰的《龍舒增廣淨土文．卷五》記載：「阿彌陀佛化身至長安，聞滻水聲乃曰，可教念佛。」善導大師被後人視為阿彌陀佛化身。某天，當他行經過長安東郊滻河時，滻河的水波激蕩的聲音，竟然像是在說：「可教念佛！可教念佛！可教念佛！……」

這樣的神奇感應，使得善導大師弘揚稱名念佛的意志更加堅定，也知道在長安城弘揚淨土宗的因緣已經成熟。於是，善導大師在長安地廣行教化，大力弘揚淨土法門，教人念佛。

對善導大師來說，風吹起浪，無不是念佛之聲。《佛祖統紀．卷二六》記載：「阿彌陀佛化身，至長安聞滻水聲曰：可教念佛！三年滿，長安城皆念佛。」從善導大師聽到東郊滻河的「可教念佛！」開始，只花了三年的時間，就讓長安城皆念佛，真是驚人的弘法效率。

中國人家喻戶曉的成語「放下屠刀，立地成佛」，其實是來自善導大師的一段慈悲教化的經歷。

宋代志磐法師的《佛祖統紀》、清代瑞璋的《西舫彙征》、清代唐時的《如來香》等，都提到了京姓屠夫的「放下屠刀，立地成佛」的傳奇故事。《佛祖統紀．卷二八》記載：

長安京姓，本為屠，因善導和上勸人念佛，滿城斷肉，京嫉之，持刀入寺，興殺害意。導指示西方現淨土相，即回心發願，上高樹念佛，墮樹而終；眾見化佛，引天童子（天童即其識神），從其頂門而出。

善導大師成功的弘法志業，使得長安城儼然是一個佛國世界；但是，有一個姓京的屠夫卻高興不起來；因為他的肉鋪前門可羅雀，肉都賣不出去。屠夫於是四處打聽。原來，長安城裡來了一個叫做善導的和尚，多年的度化致使滿城皈信，長安城幾乎人人口念「南無阿彌陀佛」；他又教化大家吃素不殺生，以至於滿城百姓幾乎不吃肉，屠夫的生意也就一落千丈。

這位京姓屠夫對善導大師懷恨在心，不滿善導大師斷他財路，於是將這股怨氣全部向善導大師發洩。他提著刀氣勢洶洶地闖入寺院，叫罵著要殺死那個斷他財路的善導大師。

當屠夫來到善導大師面前，卻如冰遇日，竟然被善導大師慈悲莊嚴的德相消融掉他的凶戾忿恨之氣，手中屠刀不覺落地，雙膝跪地，雙手合掌，虔誠向善導大師懺悔，發誓要痛改前非。

善導大師見屠夫得度的機緣成熟，就為他開示殺業的果報：因果報應絲毫不爽，造如是因，將來就要受如是的果；然後又為他講述了極樂世界的美好莊嚴，勉勵他即是滿身殺業，只要誠心懺悔，一心念佛，一樣可以往生西方極樂世界。

為了截斷屠夫內心的疑問，使之信知阿彌陀佛的救度大願，善導大師說完後，遙指西方天空；屠夫順著手勢向西方望去，看見了西方的天空中出現了阿彌陀佛和極樂世界莊嚴景象：阿彌陀佛坐在蓮花座上，莊嚴巍巍，極樂世界的寶樓、寶樹、寶池、寶水更是美不勝收。如此光明顯赫、清淨莊嚴的壯觀景象，讓屠夫驚訝地說不出話，久久不能自已。經過了善導大師的震撼教育，屠夫深信因果，並且完全信服淨土法門了。

我們可以想見，屠戶這時或許陷入了沉思，想到自己一生命運多舛，平日為了以殺豬為生，是多麼的困苦潦倒又汙穢卑賤，在娑婆世界受苦受難，苦不堪言，如今又造下無邊的殺業，將來免不了要承受殺業的苦果，不由心中生起極深極切的厭離心，厭離娑婆世界與無盡輪迴，祈願一切勞患憂苦消滅盡，猶如蓮花不著汙泥。跟極樂世界兩相比較，這個娑婆世界是這麼汙穢不淨，而極樂世界是多麼的清淨莊嚴啊！屠夫當下深刻感悟，現在既然有這麼容易又殊勝的地方可以去，何不現在就念佛求生淨土呢？

於是，屠夫當下就很猛烈地、很堅決地下定決心發願往生西方極樂世界，真的拋下了一切，不再貪戀自己這身臭皮囊，不再貪戀娑婆世界。他爬到寺院外邊的一棵高樹上，至誠懇切、至心信樂，面向西方大聲念佛，然後就從樹上跳下來，墜地而亡。現場的大眾都看到他蒙阿彌陀佛來接引屠夫的神識從頂門出而隨佛西去，順利往生極樂世界，踏上不退轉的成佛之路。

以上這個故事就是「放下屠刀，立地成佛」的典故。京姓屠夫在聽了善導大師為他開示西方淨土法門之後，最終爬上高樹念佛，墮樹而終。當然，佛教絕對不鼓勵自殺；但是，京姓屠夫「朝聞道，夕死可矣」的斷然決心確實是難能可貴的。

俗話說：「浪子回頭金不換」，京姓屠夫真心捨棄殺業而一心向善的勇猛精神是值得嘉許的，迫切求往生的精神亦是可以理解的，但他這種「捨身往生」的行為，在現代人看起來就是「自殺」，是後人絕對不應該模仿的。

此例亦只是極為特殊的例子，佛菩薩都是大慈大悲大智慧的，珍惜一切眾生的生命，當然不會鼓勵此種激烈作為。

善導大師在《觀經四帖疏．卷三》說道：

此經（《清淨覺經》）又云：「若人聞說淨土法門，聞即悲喜交流，身毛為豎者，當知此人過去已曾修習此法。今得重聞即生歡喜，正念修行必得生也。」

或許是京姓屠夫累生累世曾修習淨土法門，今生聞說淨土法門，聞即悲喜交流，甚至「身毛為豎」，才會有如此不同於常人的舉動。

《淨土往生傳．卷二》亦提到善導大師：「續至京師，擊發四部弟子，無間貴賤，彼屠沽輩，亦擊悟焉。」善導大師度化眾生是不分貴賤身分的，即使是以屠牲沽酒為業的沽屠之輩，善導大師也不放棄度化他們的機會，京姓屠夫就是最好的例證。

從這個故事可以看出善導大師慈悲與智慧，以德感人，能夠讓屠夫迅速放下自己的憤怒與殺氣，進而念佛往生西方極樂世界，可說善導大師與京姓屠夫共同造就了一段千古絕唱。

道行京師　歸者如市

當時長安城是世界上最繁華的國際化大城市，人傑地靈，人口眾多，三年後竟然整個長安城到處是念佛的人；家家彌陀佛，戶戶觀世音，佛號聲不斷，求生淨土的蓮社遍地開花，淨土法門向下扎根，佛教盛況空前。

善導大師在長安城的弘法取得巨大的成功，其中原因與他擅長文藝弘法的方便善巧亦有關係。善導大師的淨土詩偈，總能深深打到淨土行人的心坎裡。自唐代以來，善導大師的〈勸念佛偈〉流行於世，深切悲願勸導世人求生西方淨土，對淨土行人影響深遠。這個偈子又稱〈勸化徑路修行頌〉：

漸漸雞皮鶴髮，看看行步龍鍾；假饒金玉滿堂，難免衰殘老病。
任汝千般快樂，無常終是到來。唯有徑路修行，但念阿彌陀佛。

整首偈子觀照無常，不但五欲快樂是無常，生命也是無常的，直接把眾生面對的衰老、疾病、死亡的主題開門見山地揭示出來。善導大師如木鐸之音在警醒無明眾生，苦海無邊，輪迴路險，念佛是解脫苦難的慈悲智慧的法門，善導大師在慈悲地點醒「但念阿彌陀佛」。善導大師還有一首知名的淨土詩偈〈歸去來偈〉：

歸去來，魔鄉不可停！

曠劫來流轉，六道盡皆經。
到處無餘樂，唯聞愁嘆聲。
畢此生平後，入彼涅槃城。

淨土行人得知有阿彌陀佛的大願船可乘，應當生慶幸難遭之想，個個爭先，歸投彌陀願海，直入極樂故鄉，善導大師就是帶著這樣的悲願來到長安城弘法。《續高僧傳．卷二七》記載：「既入京師廣行此化，寫《彌陀經》數萬卷，士女奉者其數無量。」善導大師不但是一位得道高僧，也是一位優秀的書法家，他書寫的《阿彌陀經》受到無數善男信女的廣大喜愛，生起對淨土法門的信心與恭敬心。

南宋宗曉所編《樂邦文類．卷三》亦記載大師：「用寫《彌陀經》十萬餘卷，畫《淨土變相》三百餘壁，京華道俗，受化者不計其數。」中國藝術向來是「書畫同源」，善導大師同時也是繪畫的能手；他親自手繪或監製的

《淨土變相圖》，至少有三百餘壁。在書法與繪畫的文藝弘法的助力推動下，接受善導大師教化的僧俗四眾實在不計其數。

《佛祖統紀．卷二七》云：「道行化京師，歸者如市。」善導大師在京城長安施行教化，非常契應群機，大眾仰慕儀德，受其感化而歸心學習淨土者，多得像市集的人潮。

善導大師弘傳淨土念佛法門，可說是空前成功，佛法從寺院更加走入民間；娑婆穢土三千界，盡種西方九品蓮，善導大師的弘法熱忱與感召力，竟然是如此不可思議的殊勝。

如此盛況為淨土宗的發展打下堅實的基礎，也使得「稱名念佛」成為中國佛教不可或缺的修行內容。善導大師以淨土法門化導眾生，真的是「上契諸佛妙理，下契眾生根機。」

光明和尚 賜光明寺

善導大師勇猛精進與苦修，日積月累自然道力非凡，因此頗有「神通」之記載。如《樂邦文類．卷三》所載：

或問導曰：「念佛生淨土耶？」答曰：「如汝所念，遂汝所願。」於是導乃自念如是，一聲則有一道光明，從其口出，十至千百，光亦如之。

有人問善導大師：「念佛真的可以往生淨土嗎？」善導大師回答：「如你所念，就如你所願。」善導大師感得佛力加持，念一聲佛號，口中就發出一道光明；聲聲佛號，口中就有一道一道的光明出現。如此神異瑞相，激勵了更多長安城的百姓念佛，善導大師受到僧俗四眾的無比敬仰。

如《佛說觀無量壽佛經．卷一》云：

無量壽佛有八萬四千相；一一相中，各有八萬四千隨形好；一一好中復有八萬四千光明；一一光明遍照十方世界，念佛眾生攝取不捨。其光相好及與化佛，不可具說；但當憶想令心明見。見此事者，即見十方一切諸佛，以見諸佛故名念佛三昧。

善導大師認為，阿彌陀佛以光明攝取眾生、救度眾生，善導大師在《般舟讚．卷一》說道：「相好彌多八萬四，一一光明照十方；不為餘緣光普照，唯覓念佛往生人。」善導大師念佛口出光明，其實也是在度化眾生。

明代蓮池大師的《阿彌陀經疏鈔．卷一》引用佛經說：「念佛之人，有四十里光明燭身，魔不能犯，以阿彌陀佛及十方佛常護念故。」這也說明了念佛之人必有光明燭身。

當時的唐高宗很欽佩善導大師精誠修持得到了感應。為了紀念善導大師念佛口出光明的感應事蹟，永隆二年（西元六八一年）三月十四日這一天，唐高宗將刻有「光明寺」的匾額賜給善導大師所居寺院，御賜其寺名為「光明寺」，所以後世亦尊稱善導大師為「光明和尚」。不過，依史籍記載，長安光明寺的地點至少有以下兩種不同的說法，第一是在懷遠坊的光明寺，第二是在開明坊的光明寺。

念佛三昧　不計其數

善導大師在長安城弘揚淨土法門，非常擅長指導弟子修行，因此證得念佛三昧的弟子也非常多。要證得念佛三昧，自然是需要功夫成片，善導大師教導有方，能讓僧信四眾弟子都修行有成就，是一位難得的好導師。根據《佛祖統紀．卷二六》記載：

長安道族傳授淨土法門者不可勝數。從其化者，至有誦《彌陀經》十萬至五十萬卷者、念佛日課萬聲至十萬聲者，或得入念佛三昧、往生淨土者，莫能紀述。

善導大師的弟子中，有讀誦《阿彌陀經》十萬卷乃至五十萬卷的人，也有日課念佛一萬聲乃至十萬聲的人，其中現生證得念佛三昧的人不計其數，臨終顯現瑞相得生淨土的人也不計其數！淨土法門果然是三根普被、利鈍全收。

善導大師鼓勵弟子受持讀誦《阿彌陀經》，應該與《阿彌陀經．卷一》本身的經文內容有關：

舍利弗！若有善男子、善女人，聞是經受持者，及聞諸佛名者；是諸善男子、善女人，皆為一切諸佛共所護念，皆得不退轉於阿耨多羅三藐三菩提。是故舍利弗！汝等皆當信受我語及諸佛所說。

善導大師教導淨土法門，為什麼不勸人修行「觀想念佛」，而只是勸人持名念佛呢？善導大師在《往生禮讚偈．卷一》回答：

> 乃由眾生障重，境細心麁，識颺神飛，觀難成就也。是以大聖悲憐，直勸專稱名字，正由稱名易故，相續即生。

大師的理由是，因為眾生障礙深重，淨土境細而眾生心粗，眾生總是妄念紛飛，心思流蕩散亂，如猿馬難以控制，始終是向外攀緣六塵境界，修行觀想念佛實在難以成就；所以佛陀悲憐眾生，勸導眾生直接持念阿彌陀佛的名號。一般的眾生而言容易做到，正是因為持名念佛容易修持，只要能相續不斷，即得往生西方極樂世界。因此，善導大師在《往生禮讚偈．卷一》又說：

> 若能如上念念相續，畢命為期者，十即十生。百即百生，何以故？無外雜緣得正念故，與佛本願得相應故，不違教故，隨順佛語故。

善導大師對眾生諄諄教導，對於這一生死大事，務必放下外在一切雜緣，專心正念，念念相續，與阿彌陀佛的本願相應，才能做到十人稱念、十人往生，百人稱念、百人往生。善導大師對長安城的期待，當然是滿城念佛，人人往生淨土。

善導大師推動稱名念佛，應該不離「數珠念佛」的方便善巧。道綽大師根據《佛說木槵子經》製作念珠，並推廣「數珠念佛」；身為道綽大師弟子的善導大師，當然對道綽大師的弘法方式十分熟悉。善導大師在《觀念阿彌陀佛相海三昧功德法門（觀念法門）》卷一，便引用了《佛說木槵子經》的經文內容：

又如《木槵經》說，時有難陀國王，名波瑠璃，遣使來到佛所，頂禮佛足，白佛言。……佛告使言，語卿大王，若欲滅煩惱障報障者，當貫木槵子一百八以常自隨，若行若坐若臥，恆當至心，無分散意，口稱佛陀達磨僧伽名，乃過一木槵子。

善導大師顯然對於波流離王以木槵子作念珠的實際了然於心，深知「數珠念佛」之起源。善導大師亦應從道綽大師身上學會了木槵子念珠的製作，並推而廣之；善男信女收到念珠，除了可以作為修行之用，也像收到禮物一樣歡喜，不失為度眾生的一種方便善巧。

念珠的別名又叫「拴馬索」，意為拴住心猿意馬，使內心可以止住煩惱。人心如狂奔野馬，雜念紛飛，剎那不停，「數珠念佛」可以幫助人息心靜慮。波流離王依教奉行，推動「數珠念佛」的修行方法，善導大師在《觀念法門·卷一》的最後，提到了佛陀現身為波流離王說法：

> 又作是念：「世尊大慈普應一切，若我此善得免長淪苦海，如來當現為我說法。」王以願樂逼心三日不食，佛即現身與諸聖眾來入宮內，為王說法。
>
> 又以此證，直是王心真實，念念障除，佛知罪滅，應念而現。應知。

「數珠念佛」又稱「掐珠念佛」。印光大師認為，「掐珠念佛」有利也有弊，尤其在靜坐念佛時不宜使用。印光大師說：「又有提倡掐珠記數者，此亦有利有弊。利，則一句一掐，不輕放過，則心易歸一。弊，則靜坐時掐，必致心難安定，久則成病。」（《印光大師文鈔・續編・卷上・復念西大師書》）

年事漸高　住實際寺

大約總章元年（西元六六八年），善導大師五十六歲，移住於長安實際寺。

實際寺位於唐長安城太平坊西南隅，即今陝西省西北大學校園內圖書館一帶。實際寺現已不存，目前只留下一個亭子作為紀念，亭子上方書寫著「唐實際寺遺址紀念亭」，亭子中間有一個寫著「實際寺紀念亭碑」的石碑，介紹了實際寺的歷史背景。石碑上一開始就說：「實際寺又名溫國寺、崇聖寺，乃隋唐名剎。」根據唐人韋述（西元？至七五七年）的《兩京新記》記載：「朱雀街西第二街，北當皇城南面之含光門，街西從北第一目太平坊，西南隅溫國寺。」

由於善導大師年事漸高，逐漸步入老年，因此多在實際寺、光明寺、慈恩寺等長安城的寺院長期弘化；相對來說，回悟真寺的時間較少了，但仍然時時關心悟真寺的發展，遇到重要的大型活動仍然會回到悟真寺指導。

善導大師駐錫實際寺時期收了懷惲法師為弟子。西安碑林內現存的《隆闡法師碑》又名《實際寺隆禪法師碑》、《隆禪大法師懷惲碑》，刻於天寶二年（西元七四三年），碑文標題為《大唐實際寺故寺主懷惲奉敕贈隆禪大法師碑銘並序》，碑文記述了善導大師弟子懷惲法師的生平及功業，其碑文云：「高宗總章元載，……時有親證三昧大德善導捨黎，……雅締師資。」

唐高宗總章元年，善導大師為懷惲法師主持剃度儀式，懷惲法師成為善導大師最知名的弟子之一，碑文以「親證三昧大德」這六個字來讚歎善導大師，這是對善導大師證得觀佛三昧與念佛三昧的崇敬。實際寺是唐代高僧雲集的寺院；除了淨土宗的善導大師、懷惲法師之外，三論宗的吉藏大師、律宗的鑑真和尚等都曾經駐錫過實際寺。

善導大師駐錫實際寺時期，最為後人所津津樂道的就是建造河南洛陽龍門石窟盧舍那大佛。西北大學於西元一九九三年組成校園考古隊，對實際寺遺址進行發掘。實際寺出土文物包括了石刻佛頭，以細膩的青石雕成；據推斷，這尊石刻佛頭可能是盧舍那大佛的原型。

盧舍那大佛肯定是龍門石窟最重要的文化遺產之一。龍門石窟與甘肅敦煌莫高窟、山西大同雲岡石窟、甘肅天水麥積山石窟並稱中國四大石窟；善導大師在龍門石窟創造世界級的藝術瑰寶，對於中國文化有巨大的貢獻。

第五章　文藝弘法　增上菩提

不因釋迦如來力（願往生）彌陀淨土若為聞（無量樂）
眾生障盡聞皆喜（願往生）頓斷諸惡願求生（無量樂）

善導大師不僅是得道高僧，而且多才多藝，在雕刻、詩歌、音樂、書法、繪畫、建築等方面展現藝術方面的過人天分。

當代大哲方東美說：「中國人在成思想家之前必先是藝術家，我們對事情的觀察，往往是先直透美的本質。」善導大師不但是一位高僧，也是一位偉大的藝術家，對於藝術之美具有獨到的眼光，他在十八歲時曾親眼目睹《西方變相圖》的莊嚴美好而發願往生極樂世界，生起對淨土宗堅定不移的信心，因此他深知藝術弘法具有無比的感染力與教化力量，推己及人，故而一生積極致力於藝術性的弘法利生志業。

龍門石窟 盧舍那佛

善導大師的藝術才能最為人所津津樂道的，就是負責洛陽龍門石窟奉先寺的建造。

古代的洛陽是夏、商、北魏、隋、唐等十三個朝代的建都之地；洛陽牡丹甲天下，都說洛陽「洛陽地脈花最宜，牡丹尤為天下奇」。

牡丹花又叫「穀雨花」。「穀雨」是二十四節氣的第六個節氣，取「雨生百穀」之意，所以牡丹可說是穀雨的節氣花，民間流傳有「穀雨三朝看牡丹」的諺語。

每年四月來臨，洛陽的牡丹花盛開，春意盎然，人們競睹牡丹倩姿芳容。

牡丹有「百花之王」的美稱，花容端麗，超逸群卉，姿豐典雅，花香襲人，唯有牡丹真國色，與帝王之都的洛陽相得益彰。牡丹花的氣質雍容華貴，象徵唐朝的繁華美好，亦使得洛陽增添富貴之氣，並逐漸成為這座千年帝都的重要標誌。

唐玄宗李隆基（西元六八五至七六二年）是唐高宗李治（西元六二八至六八三年）與武則天（西元六二四至七〇五年）之孫。為了彰顯祖父唐高宗創建奉先寺的功德，開元十年（西元七二二年）特別立了《河洛上都龍門山之陽大盧舍那像龕記》石碑，記載開鑿奉先寺盧舍那佛的各項細節，成為研究龍門石窟奉先寺造像的重要文字史料。

隸屬於皇家寺院的奉先寺南北寬約三十四公尺，東西深約三十六公尺。「奉先」之名有「奉祀祖先」之意，體現中國人慎終追遠的傳統美德。

此佛龕銘記鐫刻於龍門石窟盧舍那大佛座的北側，高一百零七公分，寬六十五公分，四周繞以蓮花紋。根據《河洛上都龍門山之陽大盧舍那像龕記》的記載：

大唐高宗天皇大帝之所建也。佛身通光座高八十五尺，二菩薩七十尺。迦葉、阿難、金剛、神王各高五十尺。粵以咸亨三年壬申之歲四月一日，皇后武氏助脂粉錢二萬貫，奉敕檢校僧西京實際寺善道禪師、法海寺主惠暕法師、大使司農寺卿韋機、副使東面監上柱國樊元則、支料匠李君瓚、成仁威、姚師積等，至上元二年乙亥十二月卅日畢功。調露元年己卯八月十五日，奉敕於大像南置大奉先寺，簡召高僧行解兼備者二七人，闕即續填，創基住持，範法英律，而為上首。至二年正月十五日，大帝書額，前後別度僧一十六人，並戒行精勤，住持為務。恐年代綿邈，芳紀莫傳，勒之頌銘，庶貽永劫云爾。

佛非有上，法界為身；垂形化物，俯跡同人；有感即現，無罪乃親。愚迷永隔，唯憑信因。實賴我皇，圖茲麗質；相好稀有，鴻顏無匹；大慈大悲，如月如日。瞻容垢盡，祈誠願畢。正教東流，七百餘載。（闕一字）龕功德，唯此為最。縱廣兮十有二丈矣，上下兮百卅尺耳。

碑文中明確記載「皇后武氏助脂粉錢二萬貫」，意即武則天捐獻胭脂粉錢二萬貫來協助建造盧舍那佛像，一直為後人所津津樂道。善導大師的恩師道綽大師與武則天是山西并州文水的老鄉，使得善導大師與武則天之間多了幾分善緣與法緣。

武則天虔信佛教，其所寫的〈開經偈〉：「無上甚深微妙法，百千萬劫難遭遇；我今見聞得受持，願解如來真實義。」一直流傳了千百年，為佛子所讚頌不絕；中國佛教徒在讀經、講經或閱藏之前，幾乎都要念一遍〈開經偈〉。

盧舍那佛像威嚴中有慈祥，面貌略似女性貴婦，引來諸多猜想。武則天稱帝前為自己命名的「曌」字，意指「日月淩空」、普照大地，也不免令人聯想到「盧舍那」具有光明普照的意思；也因此，民間盛傳盧舍那大佛的莊嚴面容就是依武則天的美貌為原型加以創作的。若比照碑文記載，也似乎不無幾分道理：「實賴我皇，圖茲麗質；相好稀有，鴻顏無匹；大慈大悲，如月如日。」

盧舍那佛造像看似依著武則天皇帝本人的形象去造佛像，況且「如月如日」之比喻，追求的是如日月光明般的大慈大悲，不禁令人聯想到「曌」字。只不過，咸亨三年時候的武則天還只是皇后的身分；唐玄宗李隆基時代的碑文將武則天的皇后身分與她後來的皇帝身分合二為一，也是合理的猜想之一。此外，在古代，「導」乃「道」的分化字，「道」是「導」的本字，所以碑文中記載的「西京實際寺善道禪師」就是指長安實際寺的善導大師。唐朝的西京是長安，東京是洛陽，洛陽又號稱東都。

在唐高宗咸亨三年（西元六七二年）四月一日，六十歲高齡的善導大師受到唐高宗詔請，任命為檢校僧，負責督造及設計洛陽龍門石窟的盧舍那大佛及奉先寺。唐高宗除了看上善導大師深厚的佛法修為與造詣，同時借重他在繪畫與造像方面的藝術才能。

善導大師推薦西京法海寺惠簡法師同往，一起奉敕前赴洛陽；同時奉敕的大臣還有大使司農寺卿韋機，副使東面監上柱國樊元則，支料匠有李君贊、成仁威、姚師積等。

四月一日是龍門石窟奉先寺的開工日，也正是洛陽牡丹的開花季節。善導大師來到洛陽建造龍門石窟，一生弘揚「佛中之王」的阿彌陀佛淨土法門，正好與「花中之王」的牡丹相得益彰，為「人中之王」的唐高宗及武則天增添光彩及福德，「三王之光」共同在洛陽照耀世人。善導大師不負唐高宗的信任與委託，帶領眾人全心投入浩大工程之中，與眾多工匠風餐露宿，費盡千辛萬苦，一刀一錘都力求完美；直到唐高宗上元二年（西元六七五年）十二月底，終於大功告成，歷時三年又九個月。

奉先寺整體佛龕依西山崖壁，露天雕鑿而成，氣勢恢宏莊嚴。主要的大型雕像為一佛、二弟子、二菩薩、二天王、二力士等九尊大雕像；若再加上兩尊女性供養人雕像，則共有十一尊大雕像；每尊雕像形態各異、刻畫傳神。

善導大師早已修行成就的「觀佛三昧」，《觀無量壽經》十六觀裡的真身觀、觀音觀、勢至觀，讓他對佛菩薩的形象早就了然於心；加上他的繪畫及造像才華，使得善導大師對於奉先寺雕像的整體及細節有著完美的追求，才能創造者世界級的藝術成就。

奉先寺十一尊雕像的配置布局為正面五座，兩旁各三座。正中間為盧舍那佛；右側（南側）依次為：阿難、文殊菩薩、供養人、南方增長天王、金剛力士；左側（北側）依次為：迦葉、普賢菩薩、供養人、北方多聞天王、金剛力士。這些雕像個別介紹如下——

一、**盧舍那佛像**：讓善導大師最費盡心思監造設計的工程，想必就是奉先寺的盧舍那佛像了。佛有三種身，也就是法身、報身與化身，盧舍那佛為身相圓滿莊嚴的報身佛。善導大師監造盧舍那佛雕像之時，年紀已經步入晚年，亦為思想的成熟期；盧舍那佛的大氣尊貴，也相應於善導大師超然雄渾、氣象萬千的胸襟，也象徵是大唐佛教的頂峰。「盧舍那」（即毗盧遮那，梵文 Vairocana）有智慧廣大、光明普照的意思，再由「光明和尚」善導大師來建造盧舍那佛，實在再合適不過了。

盧舍那佛像莊嚴華麗中透露出無限的悲憫與清澈的睿智，通高十七點一四公尺，頭高四公尺，耳朵長達一點九公尺，端身結跏趺坐於仰覆蓮束腰八角須彌座上。

佛像體態端莊典雅，雍容大氣，莊嚴脫俗。廣額方頤，面形造型豐腴圓潤。頭頂為具有犍陀羅風格的波紋式的髮髻，起伏翻捲自如。細細長眉彎如新月，一雙睿智深邃的秀目凝視著前方，稍作俯視；處於不同角度位置的每一位虔誠禮佛信眾，都能感受到盧舍那佛像的佛眼正在慈悲的注視著自己，散發無限的慈愛光輝，給予苦難眾生無限的安慰。這樣的偉大設計可以說是善導大師觀佛三昧的修行功夫轉化在造像藝術上的成就；善導大師深知佛力加持的不可思議，可謂用心良苦。

盧舍那佛像的鼻梁高直，嘴巴小巧，嘴角內陷而微翹，從內在散發出含蓄自信祥和的神祕微笑，被譽為東方的「蒙娜麗莎」，顯得平靜而慈悲。下巴圓而微凸，雙耳飽滿厚實且長垂及肩，是充滿福氣之相。頸有三道蠶節紋，兩肩寬厚。身披通肩式大袈裟，質地輕薄而貼身；衣紋的圓弧曲線流遒勁流暢，顯得自在輕安。

時至今日，佛像的雙臂殘缺，無言地訴說著世間無常變化。

佛像身後的華美「背光」富於裝飾性，使得盧舍那佛像顯得華麗而尊貴。背光包括「頭光」和「身光」，象徵佛光普照十方眾生。其中，頭光的火焰是由眉間的白毫放出的，是佛身三十二相中「眉間白毫相」的體現；身光則是佛身周圍放出一丈金色光芒，是佛身三十二相中「身光一丈相」的體現。

二、大迦葉像和阿難像：大迦葉尊者和阿難尊者是釋迦牟尼佛身邊的二位弟子，此二位弟子雕像皆有圓形頭光。

在盧舍那佛像左側（北側）侍立者是大迦葉尊者像，如今雕像形體已經明顯殘損嚴重，僅見嘴唇、下頦與袈裟及下半身的身軀。我們可以想像，善導大師當時監造大迦葉像的模樣，必然是一位嚴謹持重、飽經風霜的老苦行僧形象活脫具現。

而在右側（南側）侍立者為阿難尊者像，雕像形體相對完整許多。阿難尊者像長得眉清目秀，俊朗端正，年輕帥氣，頸部有三道蠶節紋，整體形象顯得溫順慈柔而又脫俗清高。

三、文殊菩薩像與普賢菩薩像：就在大迦葉像和阿難像的外側，分別雕著文殊菩薩像與普賢菩薩像。在大乘佛教經典中，文殊菩薩代表大智，普賢菩薩代表大行，與中尊的盧舍那佛（釋迦牟尼佛），合稱為《華嚴三聖》。

兩尊菩薩像站立於束腰仰覆蓮八角臺座上，頭部背面有蓮瓣形的頭光；頭戴華麗裝飾的寶冠，容貌豐滿圓潤，面帶笑容，慈眉善目。身上配戴項鍊、耳璫、胸飾、腕釧等瓔珞配飾，肩搭帔帛，下著裙裳，體態豐腴；身姿矜持端莊，顯得雍容華貴。

菩薩早已體會畢竟空無所得的境界，端莊嚴飾的菩薩裝束，乃是表法，為了眾生而清淨化現，藉此讓眾生離苦得樂。憨山大師《大方廣佛華嚴經綱要．卷第二十六》曰：「所謂一切身莊嚴具，令身淨妙，靡不稱可。」菩薩佩戴在身上的許多端莊嚴飾的物品，能夠顯得菩薩身體的清淨微妙，高貴而不俗氣奢靡，恰如其分。

四、增長天王像與多聞天王像：四大天王是佛教中的重要護法神，分別是指東方持國天王、南方增長天王、西方廣目天王、北方多聞天王。釋迦牟尼佛涅槃時，教囑四大天王護持正法，所以在中國寺院中大多設有「四天王殿」。

奉先寺的雕像是南方增長天王與北方多聞天王；體形英武，威風凜凜、正氣凜然，且雙腳之下踩著夜叉。

如今，南側的增長天王像已經殘破不全，北側的北方多聞天王則保存得非常完好；身穿甲冑，右手托著寶塔，左手插腰，肅穆碩壯，宛如是威靈顯赫大將軍。

五、金剛力士像：如今南側的金剛力士的頭像已經風化，身體殘損不全，仍然透出讓妖魔鬼怪及惡人不敢侵犯的氣勢。

北側的金剛力士則保留十分完整，豎眉怒目，左手立掌，右手撫衣且看似插腰；上身袒露出碩壯身軀，赳武雄壯；雖不穿鎧甲但有佩戴頭飾及瓔珞，腰束短裙，帔帶繞掛雙臂並垂於短裙之前，胸部、雙手、雙腿的肌肉高高隆起。整座雕像造型粗獷豪放，剛毅威猛，孔武有力，氣勢逼人，十足像是勇猛的武士，呈現力量與陽剛之美。

善導大師很善巧地將「怒目金剛」與「菩薩低眉」兩種對比的美，統一在奉先寺的造像之中。

二〇二一年七夕，中國大陸河南衛視推出《龍門金剛》節目，挖掘出金剛的藝術形象和文化內涵，凸顯金剛是獨特的存在，也是龍門石窟中的珍品。在節目尾聲，將奉先寺的石雕群像進行電腦著色，復原原本脫落的色彩，讓觀眾想像大唐時期的彩色龍門石窟。

六、供養人像：供養人通常就是開窟造像的出資人，或稱為造像施主，在二菩薩像與二天王像的中間便是兩尊供養人像。雖然雕像如今已經受到相當程度的損壞，整體來看，還是看到很多巧思。供養人像面向盧舍那佛像，面帶微笑，頭梳雙髻、體態豐滿，衣紋流暢，身著長裙、腳雲頭鞋，給人虔誠富足的形象。

奉先寺佛龕既是唐高宗下令建造，又有武則天捐贈脂粉錢兩萬貫資助，自然是十足的皇族氣息。奉先寺石雕群像外表原本都是有塗色的，但是石雕的色彩最不容易保存；隨著水浸、日晒、風吹等作用導致色彩脫落，形成如今的石材原色。

如今，人們只能藉由原色的石雕群像去想像，善導大師剛剛營造完成時的彩色巨大雕像，色彩飽滿華麗的奉先寺是何等富貴氣派！彩色盧舍那佛像的萬德莊嚴圓滿報身，第一次呈現在世人面前的那一刻，是如何地震撼人心！

龍門石窟奉先寺的藝術成就成為大唐盛世的偉大象徵，具有高度的藝術感染力，是精美絕倫的藝術傑作。相傳，奉先寺竣工之日，武則天率領群臣駕臨龍門石窟，親自主持盧舍那佛的開光儀式。

皇家寺院的開光場典禮面想必十分大氣莊嚴；若在今日舉辦，相信會有現場直播，可全民同慶了。

奉先寺石雕群像的整個布局設計，多多少少可以看出類比於世俗宮廷的身分地位象徵：盧舍那佛盡顯帝王之威儀；大迦葉與阿難尊者，有著隨從的虔敬及文官的睿智；文殊菩薩與普賢菩薩，展露宦官仕女的高貴與聰慧；增長天王與多聞天王，表現大將軍的威武；金剛力士則像是皇家御林軍的衛士；供養人則如同生活無虞的宮女。整個經營布局與視覺效果運用十分巧妙。

這些極富情態質感的群體形象作品，不但是中國石刻藝術的巔峰之作，最後更成為世界級的文化瑰寶；無怪乎龍門石窟於西元兩千年被聯合國科教文組織列入世界遺產名錄。這些都是善導大師對藝術文化的偉大貢獻。

奉先寺的佛菩薩像，不只是有美學藝術上的價值，更有修行上的意義。善導大師的師父道綽大師的《安樂集》總有十二大門，皆引經論證明勸信求往，在第五大門（《安樂集．卷二》）引用了《觀佛三昧經》的經文：

汝等當知！我念過去無量世時，有佛名寶威德上王。彼佛出時，亦如今日說三乘法。彼佛滅後，末世之中有一比丘，將弟子九人，往詣佛塔禮拜佛像。見一寶像嚴顯可觀，觀已敬禮，目諦觀之，各說一偈用為讚歎，隨壽修、短各自命終。即命終已即生佛前，從此已後恆得值遇無量諸佛，於諸佛所，廣修梵行得念佛三昧海。既得此已，諸佛現前即與授記，於十方面隨意作佛。東方善德佛者，即我身是；自餘九方諸佛者，即是本昔弟子九人是。十方佛、世尊因由禮塔一偈讚故得成為佛，豈異人乎？我等十方佛是。

《觀佛三昧經》中的比丘及其弟子，不但往詣佛塔禮拜「佛像」，並且各說一首詩偈讚歎「佛像」的相好莊嚴，就能夠於諸佛所得「念佛三昧」，進而得到諸佛現前授記，最後於十方成佛，如此廣大的功德福報實在難以計算。由此可知，道綽大師不但弘揚稱名念佛，廣引諸經證明「念佛三昧」的不可思議功德，同時也相信「觀佛相好」的無量功德。

道綽大師的弟子善導大師督造奉先寺「佛像」，除了是因為奉皇帝旨意而建造，同時也是他報答師長恩與眾生恩的機會。悲心深重的善導大師，想必也是希望能為眾生創造「觀佛相好」的機會；不但積功累德，更可以為眾生種下未來得「念佛三昧」的因緣種子，最終圓滿佛果而成佛。

善導大師表現了他不同凡響的藝術才華以及超群的組織能力，無愧於唐高宗與武則天的器重。隨著奉先寺雕像的完工，善導大師的聲望再創高峰，使得東都洛陽更多人追隨淨土宗的念佛法門。

淨土變相　三百餘壁

在繪畫才能方面，善導大師用信施供養的淨財，用於書寫《阿彌陀經》十萬餘卷、以及繪畫《西方淨土變相圖》共三百餘處；直至示寂前，都還在指導畫工繪製《西方淨土變相圖》，展現了超乎常人的魄力與願力。

《樂邦文類》、《佛祖統紀》、《龍舒增廣淨土文》與《淨土聖賢錄》等古籍都記載了善導大師「畫淨土變相三百餘壁」；不過，《往生西方淨土瑞應傳·卷一》則是記載善導大師「畫淨土變相二百鋪」。不論三百還是二百，善導大師的淨土變相圖都是數量眾多的大型壁畫，對佛教都是了不起的貢獻。

《西方淨土變相圖》主要是依淨土三經——《無量壽經》、《觀無量壽經》、《阿彌陀經》的內容創作；而善導大師的《西方淨土變相圖》之中，以《觀經變相圖》最具代表性，全稱為《佛說觀無量壽佛經變相圖》，簡稱為《觀經變》。

善導大師的西方淨土變相圖形神具備，莊嚴勝妙，讓許多善男信女看了之後，身心得到滋潤，更加堅定往生極樂世界的信心，進而發起菩提心，上求佛道，下化眾生。當代大哲方東美說：「中國藝術最能濟潤焦枯。」其實，西方淨土變相圖就是能濟潤眾生焦枯心靈的偉大藝術作品，使眾生欣慕淨土。

西方淨土變相圖形不但是頂尖的藝術作品，也可以幫助淨土行人修觀想念佛。善導大師在《觀念阿彌陀佛相海三昧功德法門．卷一》說道：

又若有人，依《觀經》等畫造淨土莊嚴變，日夜觀想寶地者，現生念念除滅八十億劫生死之罪；又依經畫變，觀想寶樹寶池寶樓莊嚴者，現生除滅無量億阿僧祇劫生死之罪；又依華座莊嚴觀日夜觀想者，現生念念除滅五十億劫生死之罪；又依經觀想像觀真身觀觀音勢至等觀，現生於念念中除滅無量億劫生死之罪。

相傳敦煌千佛洞的《觀經變相圖》是善導大師親手所畫而流傳於世。善導大師以深切信願修學《觀無量壽經》十六觀，觀想阿彌陀佛之圓滿身相與極樂淨土莊嚴之相；善導大師成功修得觀佛三昧，本身又擅長繪畫，由他來創作《觀經變相圖》是再合適不過的人選了。

在善導大師的弘揚下，《觀無量壽經》受歡迎的程度因此邁向高峰。善導大師的影響力不只是在洛陽與長安，甚至也影響到了敦煌莫高窟。唐朝初期的《觀經變相圖》，其中不少作品極可能有受到善導大師的影響，只是難以考證是否為善導大師親自手繪。

以第四三一窟的《觀經變相圖》為例：北壁是描繪「未生怨」的故事，西壁是以「十六觀」的內容為主，南壁是描繪「三輩九品」的往生因緣。其實，只要是熟悉《觀無量壽經》經文的人，很快就能理解《觀經變相圖》裡面每一張圖的故事意涵。

北壁共有五幅畫，敘事的順序是由東而西。第一幅畫是釋迦牟尼佛說法圖，屬於《觀無量壽經》的「序分」，除了眾多弟子與菩薩，還有四位一般的世俗人，張景峰在〈莫高窟第四三一窟初唐觀無量壽經變與善導之法門在敦煌的流傳〉（收入《敦煌研究》二〇一〇年第四期）寫道：「此序分一反常態，說法圖中有俗人，前所未有。這可能反映的是善導的主張：『但此《觀經》，佛為凡說，不干聖也。』」善導大師強調，《觀無量壽經》是為「凡夫」說法，而此北壁第一幅畫一開始就開宗明義地將「俗人」畫了進來。北壁第二幅畫描繪阿闍世王囚父的情節，包括韋提希夫人祕密奉食及質問門衛的故事環節。北壁第三幅畫描繪「加惡弒母」的情節，包括月光大臣求情的故事環節。北壁第四幅畫描繪韋提希夫人請佛問法，北壁第五幅畫描繪釋迦牟尼佛說法，包括化現十方諸佛淨妙國土。

西壁共有十六幅畫，分為上下兩行及南北八列，敘事的順序是由北而南。西壁北邊的前三幅畫是「未生怨」故事的延續：西壁第一幅畫是描繪韋提希夫人請求佛陀開示往生西方極樂世界之法，第二幅畫是描繪佛陀為韋提希夫人及阿難說法，第三幅畫是描繪佛陀教韋提希夫人觀想之法。西壁後十三幅畫是「十六觀」中的前十三觀，依序為：日想觀、水想觀、地想觀、寶樹觀、寶池觀、寶樓觀、華座觀、像想觀、真身觀、觀音觀、勢至觀、普觀、雜想觀。

南壁共有十幅畫。前九幅畫是描繪「十六觀」中的最後三觀（上、中、下輩觀），敘事的順序是由西而東，從第一幅至第九幅畫的主題依序為：上品上生、上品中生、上品下生、中品上生、中品中生、中品下生、下品上生、下品中生、下品下生。南壁第十幅畫描繪的是韋提希夫人終於得見極樂世界與阿彌陀佛。

善導大師在《觀經四帖疏》裡把《觀無量壽經》前傳這段故事離奇曲折的故事講解得很清楚，採取問答的形式來注釋前傳的故事。首先是問曰：「何故名未生怨，及名折指也？」（《觀無量壽佛經疏．卷二》）阿闍世太子被稱為「未生怨」，亦名「折指」。所以，《觀經四帖疏．卷二》關於前傳的提問，就是「未生怨」與「折指」的名字是以何因緣產生的？善導大師接著答曰：

此皆舉昔日因緣，故有此名。言因緣者。元本父王，無有子息，處處求神竟不能得。忽有相師而奏王言：「臣知山中有一仙人，不久捨壽，命終已後必當與王作子。」

王聞歡喜：「此人何時捨命？」

相師答王：「更經三年始可命終。」

王言：「我今年老，國無繼祀，更滿三年，何由可待。」

王即遣使入山，往請仙人曰：「大王無子，闞無紹繼，處處求神，困不能得。乃有相師瞻見大仙，不久捨命與王作子。請願大仙垂恩早赴。」使人受教入山，到仙人所具說王請因緣。

仙人報使者言：「我更經三年始可命終，王勑即赴者是事不可。」使奉仙教，還報大王具述仙意。

王曰：「我是一國之主，所有人物皆歸屬我；今故以禮相屈，乃不承我意。」

王更勅使者：「卿往重請。請若不得，當即殺之。既命終已，可不與我作子也。」

使人受勅至仙人所，具導(道)王意；仙人雖聞使說，意亦不受。使人奉勅，即欲殺之。

仙人曰：「卿當語王，我命未盡，王以心口遣人殺我；我若與王作兒者，還以心口遣人殺王。」

仙人導此語已即受死。既死已，即託王宮受生。當其日夜夫人即覺有身，王聞歡喜。天明即喚相師以觀夫人，是男是女？

相師觀已而報王言：「是兒非女，此兒於王有損。」

王曰：「我之國土皆捨屬之，縱有所損，吾亦無畏。」王聞此語憂喜交懷。王白夫人言：「吾共夫人私自平章，相師導兒於吾有損。夫人待生之日，在高樓上，當天井中生之，勿令人承接，落在於地，豈容不死也。吾亦無夫人即可王之計。及其生時一如前法，生已墮地，命便不斷，唯損手小指。

因即外人同唱言折指太子也。

憂，聲亦不露。」

從善導大師的這段回答可以得知，頻婆娑羅王年歲甚大之時，卻膝下無子，只要心裡一想到將來王位繼承的問題，就整日苦惱，於是請來相師幫忙相命。頻婆娑羅王從相師口中告知：山中的仙人命終之後將投生為太子；只是，仙人還剩下三年壽命。求子心切的頻婆娑羅王等不及，竟要求仙人趕快去死，趕快來投胎。仙人不依不從，頻婆娑羅王竟然派人把仙人殺掉；仙人死不瞑目，揚言投胎之後必定報復。

仙人死後不久，皇后韋提希夫人真的懷孕了，相師卻預言太子將有損於頻婆娑羅王。頻婆娑羅王與韋提希夫十分驚恐，就在太子出生不久，把他從樓上拋擲至地面；但幸好保住一命，只摔折了手指，因此大家私下都稱呼太子為「折指太子」。

韋提希夫人憐憫太子，帶回撫養，頻婆娑羅王便把太子取名為「阿闍世」，意思是「未生怨」；其含意是，阿闍世太子未出生時就是頻婆裟羅王的含怨冤家，未生時已結怨。

頻婆娑羅王硬是把他與仙人的關係從善緣變惡怨，使得阿闍世太子成為「未生怨」；再加上頻婆娑羅王把剛出生的阿闍世太子摔折了手指，兩人關係更是怨上加怨。頻婆娑羅王種種荒唐無理的做法，事先種下惡因，提婆達多才有機會見縫插針，挑撥頻婆娑羅王與阿闍世太子之間的父子感情。

提婆達多想取代佛陀成為「新佛」，於是教唆阿闍世太子取代頻婆娑羅王成為「新王」；新王、新佛治化，豈不樂乎？善導大師在《觀經四帖疏．卷二》記錄了提婆達多煽動阿闍世太子的關鍵性對話：

太子聞之極大瞋怒，勿作是說。

又言：「太子莫瞋。父王於太子全無恩德。初欲生太子時，父王即遣夫人在百尺樓上當天井中生，即望墮地令死；正以太子福力故命根不斷，但損小指。若不信者自看小指，足以為驗。」

太子既聞此語，更重審言：「實爾已不？」

提婆答言：「此若不實，我可故來作漫語也。」

阿闍世太子原本對父王頻婆娑羅王一直十分敬重，當他聽到提婆達多建議自己取代父王成為「新王」時，感到極大瞋怒。阿闍世太子一直到長大成人都還不知道「折指」一事；但經過提婆達多重新提起此事，加上自己的小指頭可證明提婆達多所言非虛。因此，阿闍世太子採用了提婆達多的惡毒計謀，奪取王位，成為阿闍世王。

《觀無量壽經》記載著「隨順調達惡友之教」，「調達」就是「提婆達多」；含怨的阿闍世太子聽從惡友提婆達多的教唆，進而發展出《觀無量壽經》的全篇故事與修行。

「未生怨」這一段故事是《觀無量壽經》的前傳。頻婆娑羅王殺人的惡因，得到了被殺的苦果，因緣果報絲毫不爽。隨著故事的不斷發展，使得佛陀在《觀無量壽經》中講出了十六觀的珍貴淨土法門。善導大師在二十歲能遇到《觀無量壽經》，並且依經修行，可謂具有深厚的宿世善根福德因緣。

地獄變相　心驚毛豎

善導大師在悟真寺下院的水陸道場，繪製地獄變相壁畫和壁塑。與《西方淨土變相圖》的目的不同，善導大師繪製的《地獄變相圖》，使觀者心驚毛聳，不寒而慄。善導大師在《般舟讚（依觀經等明般舟三昧行道往生讚）》

卷一》中描述了地獄諸苦：

七重鐵城門門外（願往生）　鐵蟒舉頭城上出（無量樂）
火炎刀輪從口出（願往生）　亦皆流注罪人上（無量樂）
四角鐵狗身毛孔（願往生）　亦雨煙火人身上（無量樂）
羅刹擎叉刺心眼（願往生）　皆由心眼墮泥犁（無量樂）
熱鐵地上無窮苦（願往生）　罪人或臥或行走（無量樂）
大劫盡時眼中見（願往生）　東門城外清林泉（無量樂）
罪人一時向東走（願往生）　臨臨欲到門還閉（無量樂）
如是四門遙半劫（願往生）　鐵網鉤身如棘林（無量樂）
上有鷹烏啄人肉（願往生）　地有銅狗爭來食（無量樂）
地上虛空無避處（願往生）　動即苦具轉彌多（無量樂）

此外，善導大師依據《佛說觀佛三昧海經》的經文在《法事讚（轉經行道願往生淨土法事讚）．卷一》也描述了地獄的無量諸苦：

弟子眾等，自從曠劫已來，乃至今身、至今日，於其中間，作如是等罪，樂行多作，無量無邊，能令我等，墮於地獄，無有出期。是故《經》言：「阿鼻地獄，十八寒冰地獄，十八黑闇地獄，十八小熱地獄，十八刀輪地獄，十八劍輪地獄，十八火車地獄，十八沸屎地獄，十八鑊湯地獄，十八灰河地獄，五百億刀林地獄，五百億劍林地獄，五百億刺林地獄，五百億銅柱地獄，五百億鐵鐖地獄，五百億鐵網地獄，十八鐵窟地獄，十八鐵丸地獄，十八火石地獄，十八飲銅地獄；如是等眾多地獄。

佛言：阿鼻地獄，縱廣正等八萬由旬。七重鐵城，七層鐵網，下十八隔，周匝七重，皆是刀林。七重城內，復有劍林，下十八隔，有八萬四千重。於其四角，有大銅狗，其身廣長四十由旬，眼如掣電，牙如劍樹，齒如刀山，舌如鐵刺；一切身毛皆出猛火，其煙臭惡，世間臭物無以可譬。

有十八獄卒，頭如羅刹頭，口如夜叉口，六十四眼，眼散迸鐵丸，如十里車，鉤牙上出，高四由旬，牙頭火流。燒前鐵車，令鐵車輪，一一輪輞，化為一億火刀，鋒刃劍戟，皆從火出。如是流火，燒阿鼻城。令阿鼻城，赤如融銅。獄卒頭上，有八牛頭；一一牛頭，有十八角；一一角頭，皆出火聚；火聚復化，成十八輞；火輞復變，作火刀輪，如車輪許。輪輪相次，在火炎間，滿阿鼻城。銅狗張口，吐舌在地，舌如鐵刺，舌出之時，化無量舌，滿阿鼻城。

七重城內，有四鐵幢。幢頭火流，如沸湧泉。其鐵流迸，滿阿鼻城。阿鼻四門，於門閫上，有八十釜；沸銅湧出，從門漫流，滿阿鼻城。一一隔間，有八萬四千鐵蟒大蛇，吐毒吐火，身滿城內；其蛇哮吼，如天震雷。雨火鐵丸，滿阿鼻城。此城苦事，八萬億千；苦中苦者，集在此城。

五百億蟲，蟲八萬四千觜；觜頭火流，如雨而下，滿阿鼻城。此蟲下時，阿鼻猛火，其炎大熾；赤光火炎，照八萬四千由旬。從阿鼻地獄，上衝大海，沃燋山下。大海水滴，如車軸許，成大鐵炎，滿阿鼻城。

佛言：若有眾生，殺害三寶，偷劫三寶，汙染三寶，欺誑三寶，謗毀三寶，破壞三寶；殺害父母，偷劫父母，汙染父母，欺誑父母，謗毀父母，破壞父母，罵辱六親。作如是等殺逆罪者，命終之時，銅狗張口，化十八車，狀如金車，寶蓋在上；一切火炎，化為玉女，罪人遙見，心生歡喜：我欲往中！我欲往中！風刀解時，寒急失聲：寧得好火，在車上座，然火自爆；作是念已，即便命終。揮霍之間，已坐金車；顧瞻玉女，皆捉鐵斧，斬截其身；身下火起，如旋火輪。

譬如壯士屈伸臂頃，直落阿鼻大地獄中。從於上隔，如旋火輪，至下隔際，身遍隔內。銅狗大吼，齧骨唼髓。獄卒羅剎，捉大鐵叉，叉頸令起，遍體火炎，滿阿鼻城。鐵網雨刀，從毛孔入。……」

善導大師悲心深切地開示大眾，提醒修學淨土的佛弟子們，今聞佛說阿鼻地獄無量諸苦，應該心驚毛豎；不但要怖懼無量，更要慚愧無量，竭誠懺悔往昔所造諸惡業，至心歸命禮阿彌陀佛，懇求出離三界六道輪迴之苦。

與善導大師描繪地獄的恐怖諸苦比起來，其實人間的苦還可以忍受。娑婆世界的「娑婆」譯為「堪忍」，就是我們身處的這個世界諸苦俱全，但還可以忍受；但是，地獄之恐怖大苦，有誰忍得住呢？

因此，不難理解為何善導大師要苦心繪製《地獄變相圖》，苦口婆心告誡淨土行人不但要發出離心，更要發菩提心。善導大師在《法事讚．卷一》描述地獄諸苦之後，發願曰：「願從今日乃至不起忍已來，誓共眾生，捨邪歸正，發菩提心。」

尤其是具造五逆等重罪的凡夫，必定是要承受地獄惡業的果報；若能誠心懺悔，發願念佛往生西方極樂世界，仍然有就機會蒙佛救度。雖然，往生到極樂世界之後，在蓮花裡也要經過十二劫；但是，在蓮花中修行比墮落阿鼻地獄長時永劫受苦不知道強了多少倍！因此，善導大師在《觀無量壽佛經疏・卷四》說：「應知，雖在華中多劫不開，可不勝阿鼻地獄之中長時永劫受諸苦痛也。」

比善導大師住世時代略晚的畫聖吳道子（約六八〇至七五九年），也擅長畫《地獄變相圖》。吳道子為勸導長安百姓止惡修善，曾在景雲寺繪製《地獄變相圖》，景雲寺玄縱法師說：「吳生（道子）畫此地獄變成之後，都人咸觀，皆懼罪修善，兩市屠沽，魚肉不售。」吳道子的《地獄變相圖》令人心驚膽戰、恐怖異常、毛骨悚然，撼動人心的力量驚人，在潛移默化之中導正人心。

吳道子與善導大師兩人的時代相距不遠，或許吳道子也受到了善導大師《地獄變相圖》的影響或啟發。從吳道子的《地獄變相圖》的威懾力來看，善導大師繪製《地獄變相圖》可謂用心良苦，希望眾生畏懼因果輪迴，止惡修善，求生淨土。

書法寫經 十萬餘卷

善導大師的書法才華主要是體現在書寫經書方面，善導大師用信施供養的錢財，書寫《阿彌陀經》多達十萬餘卷，分送給有緣人，普為流通，廣度眾生，《佛祖統紀．卷三九》記載：「般舟行道，造《彌陀經》十萬餘卷。」《往生西方淨土瑞應傳．卷一》則是記載：「寫《彌陀經》十萬卷。」

善導大師精進抄經，不但要耐心磨墨，細心地一筆一筆寫出；若是自己不滿意或偶爾寫錯的作品，恐怕也不曾送出。完整的抄經作品依然可以累積達到十萬餘卷，這是多麼了不起的毅力與恆心！善導大師書寫《阿彌陀經》

不但是為了廣結法緣與善緣，也是自身精進修行的展現。

除了前述記載，關於善導大師書寫《阿彌陀經》的數量，《淨土往生傳．卷二》則云：「嘗寫《彌陀經》數十萬卷，散施受持。」數量竟然達到「數十萬卷」！

此外，《續高僧傳．卷二七》則是記載：「寫《彌陀經》數萬卷。」道宣律師（西元五九六至六六七年）撰寫的《續高僧傳》三十卷於貞觀十九年（西元六四五年）完成；此時，道宣律師五十歲，而善導大師才三十三歲。因此，道宣律師記載善導大師書寫《阿彌陀經》的數量「只有」數萬卷而非十萬餘卷，是可以理解的。

善導大師書寫《阿彌陀經》的手抄本甚至遠達新疆，可見抄經數量之多，流傳之廣。西元一九〇九年，日本學者橘瑞超和野村榮三郎等考察隊在新疆吐峪溝高昌故址發掘出的許多古代文書，其中有一件《阿彌陀經》斷片，在斷片末記有「願生比丘善導願寫」一段題記，這應該是善導大師書寫《阿彌陀經》十萬餘卷的其中一卷，真是珍貴、難得的文獻。此外，考察隊還在吐峪溝還發現了善導大師所著的《往生禮讚偈》殘片。

善導大師書寫《阿彌陀經》的書法方正穩健，氣度高超，可見他是在至誠懇切的清淨心寫下一字一句，造就難得的書法精品。《阿彌陀經》云：「不可以少善根福德因緣，得生彼國。」善導大師累積的善根福德因緣，實在多得難以計算。

善導大師持誦《阿彌陀經》無數遍，加上書寫《阿彌陀經》多達十萬餘卷，對於《阿彌陀經》肯定是熟悉得不得了。善導大師所倚重的《阿彌陀經》其實有新譯與舊譯的不同。此經亦稱為《佛說阿彌陀經》、《小無量壽經》或《小經》；中國佛教界通常將《阿彌陀經》與《無量壽經》、《觀無量壽經》合稱「淨土三經」。

善導大師弘法利生所閱讀到的《阿彌陀經》，應該是姚秦時代大譯經師姚秦鳩摩羅什翻譯的舊譯版本，此版本也是中國寺院的早晚課誦所普遍採用的版本；由於經文不算長，許多淨土行人都可以將整本《阿彌陀經》背誦下來。節錄此版本《阿彌陀經》中關於持佛名號的經文如下：

若有善男子善女人，聞說阿彌陀佛，執持名號，若一日、若二日、若三日、若四日、若五日、若六日、若七日，一心不亂；其人臨命終時，阿彌陀佛與諸聖眾現在其前，是人終時心不顛倒，即得往生阿彌陀佛極樂國土。

善導大師推動稱名念佛是根據經典「執持名號……一心不亂」的記載；而玄奘法師重新翻譯出《稱讚淨土佛攝受經》，與鳩摩羅什翻譯的《阿彌陀經》為同經而異名，是同部異譯，上述同一段經文的翻譯如下：

若有淨信諸善男子或善女人，得聞如是無量壽佛無量無邊不可思議功德名號、極樂世界功德莊嚴，聞已思惟，若一日夜、或二、或三、或四、或五、或六、或七，繫念不亂，是善男子或善女人臨命終時，無量壽佛與其無量聲聞弟子、菩薩眾俱前後圍繞，來住其前，慈悲加祐，令心不亂；既捨命已，隨佛眾會，生無量壽極樂世界清淨佛土。

這是「一經二譯」的情況，玄奘法師的新譯版本亦肯定「聞已思惟……令心不亂」的說法。

總之，書寫與持誦《阿彌陀經》是善導大師從年輕到老、一生不變的修行方式。在善導大師的辛苦耕耘下，使得山西汾州的念佛種子，終於在長安城與終南山花開葉茂了！

梵唄唱讚 淨土詩偈

善導大師是一位善用佛教梵唄與音樂弘法的高僧。念佛的唱誦也是梵唄；但是，善導大師佛教音樂與詩歌的才華，主要體現在《法事讚》、《往生禮讚》、《觀念法門》、《般舟讚》四部五卷的著作之中。這些莊嚴隆重的禮讚行儀，是淨土法會的重要組成，吸引眾多善男信女信仰淨土宗。康僧鎧譯《佛說無量壽經．卷一》裡，佛告阿難：

世間帝王有百千音樂，自轉輪聖王，乃至第六天上，伎樂音聲，輾轉相勝千億萬倍。第六天上萬種樂音，不如無量壽國諸七寶樹一種音聲千億倍也！亦有自然萬種伎樂。又其樂聲，無非法音。清、暢、哀、亮、微、妙、和、雅，十方世界音聲之中最為第一。

善導大師的《往生禮讚》、《法事讚》、《般舟讚》均以梵唄唱讚的形式闡釋淨土，其內容多為優美的詩歌；善導大師的梵唄之音，必定追求「清、暢、哀、亮、微、妙、和、雅」的極樂世界梵音品質。梵唄唱讚能滋潤淨土行人的心靈，並且表達出「苦、空、無常、無我」的佛法真理，如同《佛說觀無量壽佛經》所說：「無量樂器，以為莊嚴，八種清風從光明出；鼓此樂器，演說苦、空、無常、無我之音。」

據傳，唐貞觀二年，唐太宗為超度藍田籍陣亡將士，下令悟真寺的法誠法師在悟真下寺對面建造了專門做水陸道場的水陸殿，即今之水陸庵；因行水陸法事，所以水陸庵就設成為當時水陸法會中的內壇。目前，水陸庵以保存古代精巧罕見的彩色泥塑而聞名，素有「天下第一彩色連環壁塑」之稱，被譽為「中國第二敦煌」。

善導大師晚年雖然移居長安城弘法利生，但還是會經常回悟真寺參加大型水陸大法會。善導大師悉心策畫下的悟真寺大型水陸法會，抑揚頓挫的梵唄合唱，配合引磬、木魚、鼓鈸等樂音之聲，使得悟真寺的法會莊嚴無比，清淨梵樂感人至深，甚至催人淚下。

以《法事讚》的法會為例，在繞佛時稱念佛號或唱梵唄等，主要成員有由高座、下座、唄師、散花師、香火等。「高座」是唱讚的主要負責人，「下座」即是指左右和讚的大眾，與高座輪番唱和偈讚，高座與下座之間形成很好的互動。「維那」是下座的首腦，負責打磬，「唄師」則擅長於唱梵唄。

維那與唄師吟唱《法事讚》裡的詩偈讚詞，節錄如下：

道場莊嚴極清淨　天上人間無比量
過現諸佛等靈儀　人天龍鬼中法藏
全身碎身真舍利　大眾持華散其上
瞻仰尊顏繞七匝　梵響聲等皆供養
願我身淨如香爐　願我心如智慧火
念念梵燒戒定香　供養十方三世佛
慚愧釋迦大悲主　十方恒沙諸世尊
不捨慈悲巧方便　共讚彌陀弘誓門

弘誓多門四十八　遍標念佛最為親
人能念佛佛還念　專心想佛佛知人
一切回心向安樂　即見真金功德身
淨土莊嚴諸聖眾　籠籠常在行人前
行者見已心歡喜　終時從佛坐金蓮
一念乘華到佛會　即證不退入三賢

善導大師的《般舟讚》主要講般舟三昧行道往生之法。善導大師在《般舟讚．卷一》提醒淨土行人：「凡夫生死，不可貪而不厭；彌陀淨土，不可輕而不忻。厭則娑婆永隔；隔則六道因亡。」《般舟讚》裡優美的詩偈讚詞，令人琅琅諷誦，吟味無窮，發人深省，開啟智慧之光。例如，善導大師在《般舟讚．卷一》描寫極樂世界的種種聖境：

種種莊嚴不可識（願往生）　內外相看無障礙（無量樂）

停足須臾受法樂（願往生）　三昧無生自然悟（無量樂）
地上莊嚴眾寶間（願往生）　雜色相參百千萬（無量樂）
寶座華臺處處滿（願往生）　隨心受用光來照（無量樂）
百千童子菩薩眾（願往生）　各捧香華臨池看（無量樂）
或坐或立池渠岸（願往生）　或有尋階入寶池（無量樂）
或立于沙或至膝（願往生）　或沒腰頭或懸注（無量樂）
或取金華百寶葉（願往生）　授與岸上看池人（無量樂）
受得香華千萬種（願往生）　即散彌陀大會上（無量樂）
所散之華變成蓋（願往生）　自然音樂遶千重（無量樂）
寶鳥連聲奏天樂（願往生）　一切見者起悲心（無量樂）
我今到此佛願力（願往生）　同緣同行何時來（無量樂）
普願閻浮知識等（願往生）　同行相親願莫退（無量樂）

專誦彌陀觀經等（願往生）　禮佛觀察盡須回（無量樂）
一切時中相續作（願往生）　至死為期專復專（無量樂）
一到彌陀安養國（願往生）　畢竟逍遙即涅槃（無量樂）
涅槃莊嚴處處滿（願往生）　見色聞香罪障除（無量樂）
飛踊空中作神變（願往生）　讚歎淨土難思議（無量樂）
或散華香供養佛（願往生）　報佛慈恩心無盡（無量樂）
不因釋迦如來力（願往生）　彌陀淨土若為聞（無量樂）
眾生障盡聞皆喜（願往生）　頓斷諸惡願求生（無量樂）

這段是《般舟讚》描寫西方極樂世界的一段讚文，把極樂世界的莊嚴殊妙以詩偈讚詞的方式表達出來，善導大師依據經典所創作，因此也說到「專讀彌陀《觀經》法，文文句句說西方。」

善導大師創作的詩偈讚詞都是可以吟唱的讚歌，唱詠聲聲入心，激發淨土行人的道心。為了能接引眾生，善導大師禮讚的詩文，總是淺白易懂、懇切樸實、簡潔優美、意義深遠；閱讀之後，確是令人感徹心髓、深銘五內、震動心身。這些詩偈讚詞是重要的淨土文學作品，具有深刻的美學內涵。

在唐代法會儀軌及懺法的影響下，善導大師撰寫《往生禮讚》，是為了幫助淨土行人往生淨土而製作禮讚儀。《往生禮讚》訂六時行法，即為日沒、初夜、中夜、後夜、晨朝、日中等六時，行不同之禮讚、禮拜；此六時功課，可以幫助淨土行人一心繫念，相續不斷。善導大師於《往生禮讚偈．卷一》云：

謹依《大經》及龍樹、天親、此土沙門等所造往生禮讚，集在一處，分作六時。唯欲相續繫心，助成往益；亦願曉悟未聞，遠沾遐代耳。何者？第一、謹依《大經》釋迦及十方諸佛讚歎彌陀十二光名，勸稱、禮、念，定生彼國；十九拜，當日沒時禮。

第二、謹依《大經》，採集要文，以為禮讚偈；二十四拜，當初夜時禮。

第三、謹依龍樹菩薩《願往生禮讚偈》；十六拜，當中夜時禮。

第四、謹依天親菩薩《願往生禮讚偈》；二十拜，當後夜時禮。

第五、謹依彥琮法師《願往生禮讚偈》；二十一拜，當晨朝時禮。

第六、沙門善導《願往生禮讚偈》，謹依十六觀作；二十拜，當午時禮。

《往生禮讚》的讚詞配上曲調梵唄唱念，為淨土宗法會的重要儀軌，善導大師的《讚佛偈》即是出自於《往生禮讚偈．卷一》。此讚偈讀起來琅琅上口，非常契合淨土行人的唱誦：

彌陀身色如金山，相好光明照十方，
唯有念佛蒙光攝，當如本願最為強；
六方如來舒舌證，專稱名號至西方，
到彼華開聞妙法，十地願行自然彰。

《讚佛偈》在善導大師的「五念門」裡屬於「讚歎門」。《往生禮讚偈・卷一》說：「二者口業『讚歎門』：所謂專意讚歎彼佛身相光明、一切聖眾身相光明、及彼國中一切寶莊嚴光明等，故名讚歎門。」《往生禮讚偈・卷一》讚詞寫道：

彌陀佛國能所感　西方極樂難思議
渴聞般若絕思漿　念食無生即斷飢
一切莊嚴皆說法　無心領納自然知
七覺華池隨意入　八背凝神會一枝
無量菩薩為同學　性海如來盡是師
彌陀心水沐身頂　觀音勢至與衣被
欻爾騰空遊法界　須臾授記號無為
如此逍遙無極處　吾今不去待何時

到了極樂世界，無量的菩薩都是淨土行人的成佛之道的同學，實在太殊勝了，讚詞裡的「逍遙無極處」，顯示極樂世界應該是眾生心中最理想的桃花源了，要把握難得的機會趕快去。

此外，善導大師強調我們是惡業凡夫，所以在《往生禮讚偈．卷一》主張各六時必須拜佛懺悔：

懺悔有三品，上中下。

上品懺悔者：身毛孔中血流，眼中血出者，名上品懺悔。

中品懺悔者：遍身熱汗從毛孔出，眼中血流者，名中品懺悔。

下品懺悔者：遍身徹熱，眼中淚出者，名下品懺悔。

在稱名念佛的基礎上去修懺悔，與念佛滅罪的修行觀念是一致的。善導大師對於懺悔的要求很嚴格，必須每日堅持不懈、修行不輟，上品懺悔者甚至必須達到「身毛孔中血流，眼中血出。」

雖然眾生罪業無量，但是修行功德同樣也是無量；稱念一聲阿彌陀佛聖號，即能除滅八十億劫生死重罪，又有佛菩薩的護持與保護，真的是功德無量。如《往生禮讚偈．卷一》寫道：

問曰：稱、念、禮、觀阿彌陀佛，現世有何功德利益？

答曰：若稱阿彌陀佛一聲，即能除滅八十億劫生死重罪；禮、念已下亦如是。《十往生經》云：若有眾生，念阿彌陀佛願往生者，彼佛即遣二十五菩薩擁護行者；若行、若坐、若住、若臥，若晝、若夜，一切時，一切處，不令惡鬼惡神得其便也。

善導大師才藝獨步，卓然逸群，雕塑與詩畫音律，皆能得心應手，以文藝弘法的善巧方便，幫助淨土行人增上菩提心，已生惡令斷，未生惡令不生，已生善令增長，未生善令速生。為了幫助眾生往生西方極樂世界，善導大師可謂用心良苦。

第六章　安詳示寂　位列祖師

蓮社之立，既以遠公為始祖，自師歸寂……中間繼此道者乃有五師：一曰善導師，二曰法照師，三曰少康師，四曰省常師，五曰宗賾師。

善導大師一生不但歷經改朝換代戰亂的年代，也見證唐代走向國運昌隆與佛法興盛；他在隋煬帝之時出生，歷經唐高祖、唐太宗，而於唐高宗之時代往生。

善導大師在人間創建淨土宗的使命功德圓滿，在唐高宗永隆二年（西元六八一年）三月十四日圓寂，往生到了他心目中的最理想桃花源——阿彌陀佛的極樂世界，世壽六十九歲。善導大師安詳示寂之後，長安僧俗四眾都十分懷念這位德崇威隆的高僧。

善導大師一生與眾多寺院有直接關係，例如玄中寺、悟真寺、光明寺、慈恩寺、實際寺、奉先寺、香積寺等；其中，與善導大師因緣最深的寺院則是悟真寺。善導大師以悟真寺為修行弘法的主要根據點，全面建設悟真寺，制定合宜的寺院管理體制。

善導大師在人間遊化範圍甚廣，一生足跡遍布山東、江西、陝西、山西、河南、湖北等地，其書畫作品的影響力甚至遠達甘肅、新疆。

圓寂捨報　多種記載

關於善導大師圓寂往生的方式，大藏經裡的記載雖然不少，但可以主要歸類為三種不同版本：第一種版本是「怡然而逝」，第二種版本是「端身立化」，第三個種本是「投身自絕」。

第一個版本的「怡然而逝」，善導大師算是「壽終正寢」與「善終」，而且預知時至，自然而然地走到生命盡頭，往生極樂世界；至於第二個與第三個版本，則表示善導大師是主動結束自己生命，主動選擇特定的往生時間與地點。

在古代，「導」乃「道」的分化字，「道」是「導」的本字。大藏經裡關於「善導」與「善道」的不少記載，在本書視為同一位祖師；理由是，大藏經裡關於「善導」與「善道」的生平傳記內容十分相似；因此，「善導」與「善道」的圓寂往生的事蹟是可以進行比較研究的。

筆者在二〇二一年看到山西玄中寺「祖師殿」的說明牌，使用了大藏經的「善道」傳記來介紹善導大師；這也間接說明，玄中寺把「善導」與「善道」的傳記視為同一人。

往生版本一：「怡然而逝」

善導大師往生前不久，他正於所住寺院中畫淨土變相圖。某一天，善導大師忽然催促協助他畫畫的匠人們快點完工。由於不同於尋常的情況，於是有人就問是到底是什麼緣故？善導大師回答說：「我即將要往生了，最多只能再住世於人間三兩天了。」

時間一到，善導大師果真患上了輕微的疾病，回到自己的房間，關上房門，怡然長逝。

善導大師於六十九歲圓寂，逝世後身體十分柔軟，面色如同生前的平常一樣，眾人都聞到異常的香氣、聽到美妙的音樂，久久方才消失。如《新修往生傳．卷二》所載：

後於所住寺院中，畫淨土變相，忽催令速成就。或問其故，則曰：吾將往生，可住三兩夕而已。忽然微疾掩室，怡然長逝，春秋六十有九；身體柔軟，容色如常，異香音樂久而方歇。

關於善導大師的捨報往生，除了上述的《新修往生傳》採取「怡然而逝」的立場，大藏經裡還有其他不少關於善導大師的傳記，同樣採取了「怡然而逝」的立場。例如，宋代志磐編撰的《佛祖統紀．卷二七》記載：「忽微疾，即掩室，怡然而逝，異香天樂向西而隱。」其言善導大師圓寂後的異香和天樂，是向著西方飄然而去漸漸消失，與《新修往生傳》的記載略有不同。

此外，還有《神僧傳》、清代唐時編輯的《如來香》、清代彭希涑的《淨土聖賢錄》、清代瑞璋的《西舫彙征》，對於善導大師的圓寂方式同樣都是採取因為微疾而「怡然而逝」的立場。

往生版本二：「登柳立亡」

佛教中常引「生龜脫殼」比喻一般人臨終死亡的巨痛。古代不少高僧的往生是靠著甚深的修行功力而「坐脫立亡」，對於生死表現出隨心所欲、瀟灑自在。

「坐脫」是指端坐而往生，「立亡」則為站立而往生；善導大師在這個版本的圓寂是屬於「立亡」。

善導大師登上柳樹而「端身立化」，出自元代普度法師《廬山蓮宗寶鑑．卷四》的記載：有一天，善導大師告大眾：「此身可厭，諸苦逼迫，情偽變易，無暫休息。」於是登上寺前的柳樹，面向西方發願：「願佛威神，驟以接我；觀音勢至，亦來助我；令我此心，不失正念，不起驚怖，不於彌陀法中少生退墮。」善導大師發願完畢之後，就在柳樹上站立往生，《廬山蓮宗寶鑑》稱之為「端身立化」。

唐高宗久聞善導大師念佛口出光明，如今又得知善導大師預知捨報之時，精誠所至，站立著往生極樂世界；不但活得自在，更是死得瀟脫。因此，唐高宗賜寺匾額為「光明寺」。

其實，佛教高僧大德的「坐脫立亡」需要有修行的真工夫，不能理解為自殺。善導大師的「登柳立亡」是示現給眾生知道，生死自在的境界是如此，勘破生死，超越生死。

往生版本三：「登柳投身」

這個「登柳投身」版本主要是指：善導大師登柳樹上後，從樹上跳下來，投身墜地而亡，捨報往生。

其實，佛教本身即有捨身往生的傳統。唐代道宣律師所編《續高僧傳．卷二七》是這麼記載的：

時在光明寺說法，有人告導曰：「今念佛名定生淨土不？」導曰：「念佛定生。」其人禮拜訖，口誦南無阿彌陀佛聲聲相次出光明寺門，上柳樹表，合掌西望，倒投身下，至地遂死，事聞臺省。

道宣律師在撰寫《續高僧傳》時，善導大師還住世在人間，而且兩位大師都是長期在終南山與長安弘法利生；因此，《續高僧傳》所記載內容應該是比較可靠的。上述引文中的「有人告導曰」，「導」是指善導大師，而此「人」應該就是善導大師的「某位弟子」。所以，《續高僧傳》記載的應是：某位弟子來光明寺，在請示善導大師念佛往生的開示之後，登柳念佛，倒投身下，至地遂死。

但是，《續高僧傳》之後，大藏經裡不少關於善導大師的傳記，卻把「投身自絕」故事裡的主人翁，從弟子變成善導大師本人。例如，宋代宗曉法師《樂邦文類．卷三》的記載：

（善導）後謂人曰：「此身可厭，諸苦變易。」乃登柳樹，向西願曰：「願佛接我，菩薩助我，令我不失正念，不生退墮。」言已投身自絕。

關於善導大師的捨報往生，除了上述的《樂邦文類》，大藏經裡還有其他不少關於善導大師的傳記記載，同樣採取了「投身自絕」或「投身而逝」的立場，包括宋代王日休的《龍舒增廣淨土文》、宋代志磐的《佛祖統紀》、宋代戒珠敘的《淨土往生傳》、宋代王古的《新修往生傳》、明代袾宏的《往生集》、明代道衍的《諸上善人詠》、明代朱時恩的《佛祖綱目》、清代彭希涑的《淨土聖賢錄》、清代周克復的《淨土晨鐘》、清代俞行敏的《淨土全書》、清代紀蔭的《宗統編年》、清代唐時的《如來香》等。

在「放下屠刀，立地成佛」的故事裡，本書已經解釋過，傳統佛教的「捨身往生」其實與「自殺」的觀念還是不同的，「捨身往生」是極為特殊的修行表現。

再度提醒讀者，「捨身往生」與「自殺」都不應該學習；佛法是大慈大悲，請珍惜生命。

安放舍利　造塔建寺

由於善導大師的弘法在長安城造成盛況，善導大師的圓寂必定受到極大矚目，其葬禮必定十分隆重。《淨土往生傳．卷二》記載：「時京師士大夫，傾誠歸信，咸收其骨以葬。」除了士大夫與信眾們收納善導大師的遺骨安葬，善導大師的出家弟子們也是出力甚多。

善導大師於唐高宗永隆二年（西元六八一年）圓寂，由義成法師撰、李振方正書的《善導禪師塔碑》在此年樹立於大慈恩寺。同樣在這一年，侍奉善導大師十餘載的懷惲法師，為了紀念恩師善導大師盛德，在長安郊外終南山麓的神禾原，建塔祭奠安葬善導大師的舍利，名為「崇靈塔」；舍利塔為青磚砌成，塔高十三層。

之後在崇靈塔的周邊建造寺院，落成於唐中宗神龍二年（西元七〇六年），稱為「香積寺」。香積寺位於陝西省西安市長安區郭杜鎮香積寺村，成為中國佛教淨土宗的重要祖庭。香積寺其名源於佛典《維摩詰所說經．卷三．香積佛品第十》：

> 時維摩詰即入三昧，以神通力示諸大眾，上方界分過四十二恆河沙佛土，有國名眾香，佛號香積；今現在，其國香氣，比於十方諸佛世界人、天之香，最為第一。彼土無有聲聞、辟支佛名，唯有清淨大菩薩眾，佛為說法。其界一切皆以香作樓閣，經行香地，苑園皆香；其食香氣，周流十方無量世界。時彼佛與諸菩薩方共坐食，有諸天子皆號「香嚴」，悉發阿耨多羅三藐三菩提心，供養彼佛及諸菩薩，此諸大眾莫不目見。

寺名「香積」，有把善導大師比為「香積佛」之意。為什麼呢？

善導大師被視為阿彌陀佛的化身，將稱名念佛法門深入人心，造就「家家阿彌陀」盛況的佛化世界。念佛之人，聲聲佛號，阿彌陀佛以稱名念佛之勝異方便，托彼名號果德，顯發淨土行人的智慧德性，念佛之人如染香人，日日置於香木房中，他自然就染上香氣了，這個「香」是阿彌陀佛的五分法身之香，即戒香、定香、慧香、解脫香、解脫知見香。

《大佛頂如來密因修證了義諸菩薩萬行首楞嚴經．卷五》中，大勢至菩薩便道出念佛之「香光莊嚴」：

子若憶母如母憶時，母子歷生不相違遠；若眾生心憶佛念佛，現前當來必定見佛，去佛不遠，不假方便，自得心開；如染香人身有香氣，此則名曰「香光莊嚴」。我本因地以念佛心入無生忍，今於此界攝念佛人歸於淨土。

善導大師教化眾生，如同香積佛以香氣教化眾生，引導著眾生超度苦海，如《維摩詰所說經．卷三．香積佛品第十》曰：

我土如來無文字說，但以眾香令諸天、人得入律行。菩薩各各坐香樹下，聞斯妙香，即獲一切德藏三昧；得是三昧者，菩薩所有功德皆悉具足。

此外，「香積」的名稱，也可以寓意善導大師圓寂時的異香，久久積聚不散。

香積寺殿堂崢嶸，雄偉壯觀，環境清幽，佛像莊嚴，栽植神木靈草，四時供養不息，連武則天和唐高宗都曾來香積寺禮佛。《隆闡法師碑》詳細描述了香積寺當時的勝景：

仍於塔側，廣構伽藍，莫不堂殿崢嶸，遠模忉利；樓台岌嶪，直寫祇園。神木靈草，淩歲寒而獨秀；葉暗花明，逾嚴霜而靡悴。豈直風高氣爽，聲聞進道之場；故亦臨水面山，菩薩全真之地。又於寺院造大窣堵坡塔，周回二百步，直上一十三級。或瞻星揆務，或候日裁規；得天帝之芳蹤，有龍王之祕跡。重重佛事，窮鷲嶺之分身；種種莊嚴，盡昆邱之異寶。但以至誠多感，能事冥資，故能遠降宸衷，令齎舍利，計千餘粒；加以七珍函笥，隨此勝緣，百寶幡花，令興供養。

唐高宗不但在善導大師生前極力護持弘法志業，在善導大師圓寂之後，唐高宗更是感念善導大師的盛德，因而呈佛舍利「計千餘粒」給香積寺供奉，並且加以「七珍函笥」裝飾，同時又以「百寶幡花」供養寺院。又根據《隆闡法師碑》記載：

則天大聖皇後承九元之眷命，躡三聖之休期，猶尚誌想金園，情欣勝躅。或頻臨淨剎，傾海國之名珍；或屢訪炎涼，舍河宮之祕寶。

武則天對於善導大師與香積寺的護持，並不在唐高宗之下。武則天不但「頻臨淨剎，屢訪炎涼」，還經常「傾海國之名珍，捨河宮之祕寶」來供養香積寺，廣修福報。

在帝王的護持下，香積寺自然是香火鼎盛，連文人墨客都深受吸引。唐代著名詩人王維，字摩詰；其以「摩詰」為字，正是表明自己對維摩詰大士的景仰。因香積寺的「香積」之名或是出自《維摩詰所說經》，王維便曾寫〈過香積寺〉一詩（亦有人認為僅是同名之寺）予以讚揚：

不知香積寺，數裡入雲峰；
古木無人徑，深山何處鐘。
泉聲咽危石，日色冷青松；
薄暮空潭曲，安禪制毒龍。

善導大師的影響力似眾香國的香氣一般「周流十方無量世界」，使得香積寺不但成為歷代淨土行人崇仰的聖地，也成為世界各國淨土行人共同尊奉的祖庭。

淨宗二祖 彌陀化身

淨土宗是中國佛教八大宗派之一，亦稱「蓮宗」。善導大師在一般習知的中國淨土宗十三祖系譜上，被尊奉為淨土宗的「二祖」。

淨土宗立祖之說始於宋代，南宋時，天台宗的宗曉法師首先提出以慧遠大師為始祖，加上善導、法照、少康、省常及宗賾等五位大師繼之，成為蓮社六祖系譜，宗曉法師編集的《樂邦文類．卷三》：

蓮社之立，既以遠公為始祖，自師歸寂，抵今大宋慶元五年己未，凡八百九年矣，中間繼此道者乃有五師：一曰善導師；二曰法照師；三曰少康師；四曰省常師；五曰宗賾師。是五師者，莫不仰體佛慈大啟度門異世同轍，皆眾良導，傳記所載，誠不可掩，以故錄之，為繼祖焉。

宗曉法師是四明（浙江鄞縣）人，號石芝；日課《法華經》，又血書《法華經》，並且編纂《法華經顯應錄》。善導大師淨土思想受到曇鸞大師與道綽大師的啟發，宗曉法師在蓮社祖師的系譜選擇上卻不取曇鸞大師與道綽大師，是否有什麼特別的考量呢？

印順導師在《〈曇鸞與道綽〉閱後》（收入《華雨集》第五冊）一文中談到：

> 四明石芝曉法師，為一天台宗學者，雖弘揚淨土，與曇鸞、道綽不同。曇鸞與道綽，判易行與難行、淨土與聖道二門。以為念佛往生，持戒與犯戒，定心與散心，愚癡與智慧，並承佛悲願而生。易言之，但須念佛，即得往生，犯戒等根機，不在簡別之列也。淨土與聖道之判，即信願往生與戒定慧——聖道之別。故其弊，不重戒定慧之聖道，而以往生為純由佛力。善導承其緒餘，所作《觀經四帖疏》，即有此意。日本學者唐代來華，傳承此善導之法流，乃演出弁髦戒法，甚至專憑信願，不重持名（蓋以持名而至一心不亂，即由念佛而得三昧，等於聖道）之真宗。楊仁山老居士曾專書以彈真宗，即於善導之說，致其微詞。日人每謂念佛法門，有慧遠流，

有善導流。然在中國，宋元明以來，漸融此二流，即不廢聖道而特重信願持名，於曇鸞、道綽等之極端說法，不加尊重。石芝曉法師之雙取慧遠與善導，不取曇鸞與道綽，殆有此意乎？

講者於曇鸞與道綽，似極贊其對淨土宗之功績，而後舉印光大師之三義以勸人，適成乖角。蓋若以曇鸞、道綽說為指南，淨土行即不能與台、賢、三論、唯識、禪、律諸宗相融而行。故知宋元明清之中國佛教，為趣向融合之佛教，淨土亦由台、賢、禪、律等諸宗相助而日盛。雖世之淨土行者，或以學涉台、賢、禪等為不專而專提持名，然亦無人敢棄聖道而言淨土，如真宗者之說也。

在中國佛教的大環境裡，實在是「無人敢棄聖道而言淨土」；宗曉法師身為天台宗高僧，在選擇蓮社祖師時，自然有他對聖道的考量。

宋代的志磐法師也是天台宗高僧；在其所著《佛祖統記》中，以慧遠、善導、承遠、法照、少康、延壽、省常等七位大師為蓮社七祖，顯然是在宗曉法師的排名基礎上略有刪增。

經宋代至民國時期之間逐漸推選，形成現在尊奉的淨土宗十三祖系譜，其排列如下：

初祖：廬山東林慧遠（西元三三四至四一六年），東晉僧。

二祖：長安光明善導（西元六一三至六八一年），唐代僧。

三祖：南嶽般舟承遠（西元七一二至八〇二年），唐代僧。

四祖：五臺竹林法照（西元七四七至八二一年），唐代僧。

五祖：新定烏龍少康（西元七三六至八〇五年），唐代僧。

六祖：杭州永明延壽（西元九〇四至九七五年），唐末五代僧。

七祖：杭州昭慶省常（西元九五九至一〇二〇年），宋代僧。

八祖：杭州雲棲蓮池（西元一五三五至一六一五年），明代僧。

九祖：北天目靈峰蕅益（西元一五九九至一六五五年），明代僧。
十祖：虞山普仁截流（西元一六二八至一六八二年），清代僧。
十一祖：杭州梵天省庵（西元一六八六至一七三四年），清代僧。
十二祖：紅螺資福徹悟（西元一七四一至一八一〇年），清代僧。
十三祖：蘇州靈巖印光（西元一八六二至一九四〇年），當代僧。

善導大師雖然是被後人尊奉為淨土宗的「二祖」，置於慧遠大師之次；然而，善導大師是中國淨土宗的實際創立者，功不可沒。根據《樂邦文類．卷三》所載，《天竺往生略傳》提及善導大師是阿彌陀佛化身。蓮池大師於《往生集．卷一》亦讚曰：

善導和尚，世傳彌陀化身。觀其自行之精嚴，利生之廣博萬代而下，猶能感發人之信心，脫非彌陀必觀音普賢之儔也，猗歟大哉。

從這個角度來說，善導大師傳是阿彌陀佛的智慧慈悲與大願力在漢地顯現之後，所留下的一段珍貴人間記錄。

善導大師的核心思想是「本願稱名，凡夫入報」。善導大師把握了中國佛教徒的根機，使持名念佛在中國佛教大為流行，依靠阿彌陀佛的本願，往生西方極樂世界。善導大師可謂是推動持名念佛最有力的祖師之一。

傑出弟子　傳承淨宗

善導大師培育了不少傑出弟子，比較著名的有懷感法師、懷惲法師以及淨業法師，繼承了善導大師的弘法志業，續佛慧命。

懷感法師對於自己的修行始終保持精進苦行，意志堅定剛強。聽到淨土法門主張「念佛少時逕生安養」，他不相信只要用很少的時間念佛就可以得生極樂世界，因此帶著疑問前往請教善導大師。

善導大師問懷感法師：「子傳教度人，為信後講？為渺茫無詣？」藉此指點懷感法師應先信而後傳教；懷感法師回答：「諸佛誠信，不信不講。」善導大師又對懷感法師開示說：「若如所見令念佛往生，豈是魔說耶？子若信之，至心念佛，當有證驗。」善導大師說，念佛往生絕對不是「魔說」；只要懷感法師能夠深信不移，以至心稱念阿彌陀佛聖號，應當會有證據來驗證。

懷感法師聽完善導大師的開示之後，立即進入道場二十一日，剋期取證，精進念佛；然而，懷感法師並沒有看到感應道交的靈感瑞相，因此痛恨自己業障深重，想要絕食而死，可是被善導大師阻止，並勸懷感法師好好再用功三年。懷感法師依教奉行，更加勇猛精進；三年之後，皇天不負苦心人，懷感法師終於「見金色玉毫，便證念佛三昧」。臨命終時，見到化佛前來迎接，於是合掌面向西方而往生極樂世界。

懷感法師著有《釋淨土群疑論》七卷，也稱《群疑論》、《決疑論》、《往生決疑論》。依《宋高僧傳．卷六》所載，此書尚未寫完，懷感法師就圓寂了，便由其師弟懷惲法師修補續寫而完成此書。

懷惲法師（西元六四〇至七〇一年）在唐高宗時於西明寺出家，精進苦修。懷惲法師敬重善導大師的盛德，因而投在善導大師門下；「一承妙旨，十有餘齡，祕偈真乘，親蒙付屬。」

善導大師圓寂後的崇靈塔與香積寺，主要就是由懷惲法師負責建造。根據《隆闡法師碑》記載：

奉永昌元年敕，徵法師為寺主，於是綱紀僧徒，規模釋族。緇門濟濟，戒德峻而彌堅；紺宇詵詵，常住豐而更實。猶是才稱物寶，道為時尊。知與不知，仰醍醐於句偈；識與不識，詢法乳於波瀾。法師以慈誘內懷，敷揚外積，冀傳聖旨，用酬來望，每講《觀經》、《賢護》、《彌陀》」

等經，每數十遍。

> 夫我域者，扇激風火，嬰抱結漏，係諸生滅，止無常之短期；研乎事真，攀不亟之虛關。若不乘佛願力，託質淨方，則恐淪溺長往，清昇永隔。於是言論之際，懇勸時眾，四儀之中，一心專念阿彌陀佛，願乘此勝因，祈生淨域。又以般若神咒，能令速證菩提；彌陀佛名，亦望橫超惡趣。諸餘妙典，雖並積心臺；於此勝緣，頗遍遊智府。嘗誦〈大般若咒〉向盈四萬，又誦〈彌陀真偈〉十萬餘遍，理復使精真厥想，念雖微而必就；二三於行，功唐捐而靡得，豈直諸佛現前、神人捧錫而已矣！

武則天永昌元年（西元六八九年），懷惲法師奉敕為實際寺主，之後便是「綱紀僧徒，規模釋族」，而且「每講《觀經》、《賢護》、《彌陀》等經，每數十遍」，懷惲法師苦勸大眾「一心專念阿彌陀佛，願乘此勝因，祈生淨域」。

懷惲法師完全傳承了善導大師弘法利他的菩薩精神。懷惲法師於大足元年（西元七〇一年）圓寂，世壽六十二。唐中宗神龍元年（西元七〇五年），懷惲法師受皇帝敕謚「隆闡大法師」名號。

淨業法師（西元六五五至七一二年）也是善導大師的傑出弟子。他為香積寺主二十餘年，總是勸修淨土行業，擅長演說《觀無量壽經》以及《釋淨土群疑論》。據〈大唐龍興大德香積寺主淨業法師靈塔銘並序〉記載：「生歷五十有八。即以其年十月廿五日，陪窆於神禾原大善導闍黎域內，崇靈塔也。道俗闐湊，號惋盈衢，不可制止者，億百千矣。」

淨業法師於唐睿宗延和元年（西元七一二年）圓寂，世壽五十八，陪葬於神禾原善導大師崇靈塔之旁。

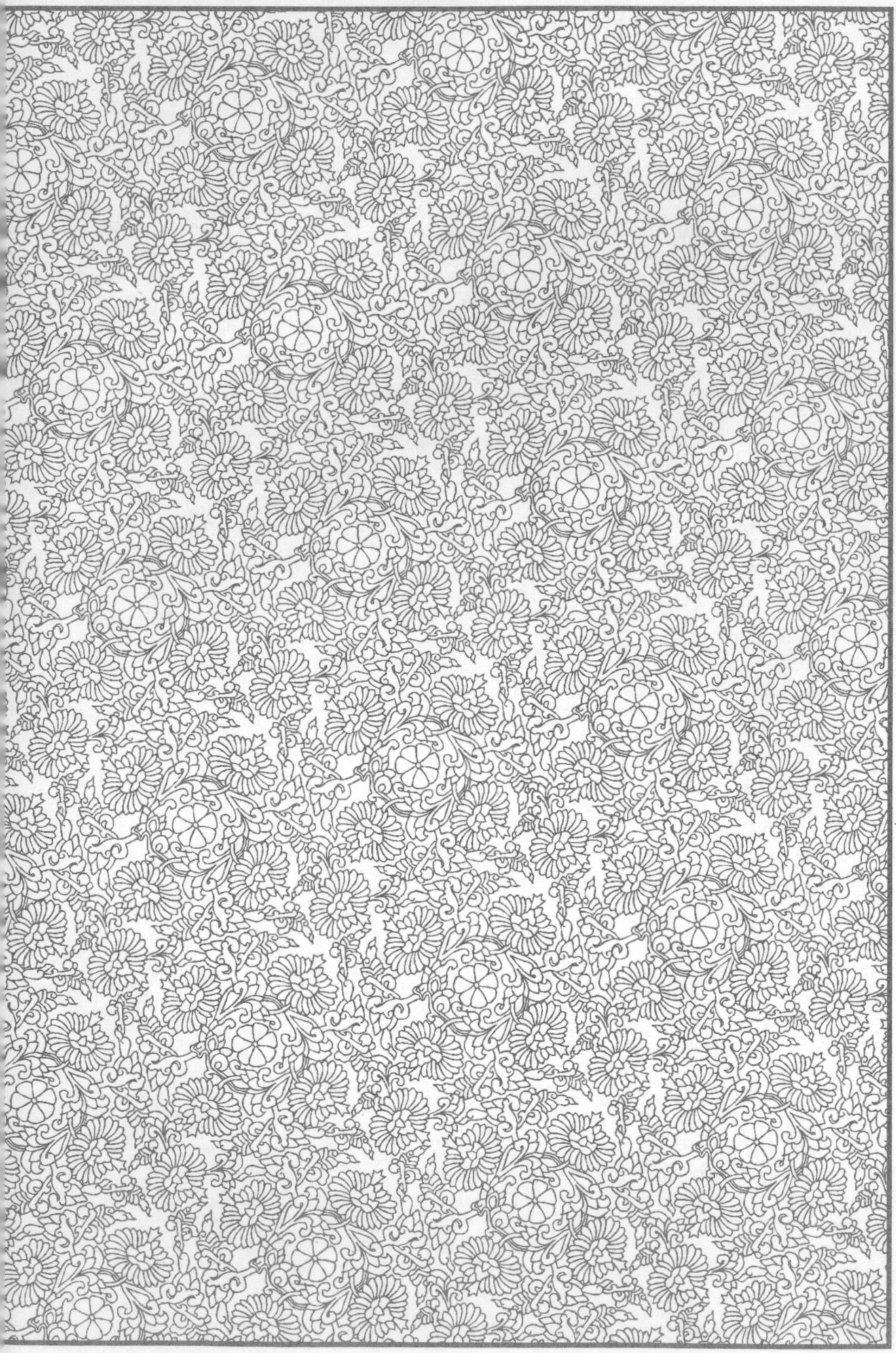

影響

壹・文人歌詠千載

何以度心眼，一句阿彌陀；行也阿彌陀，坐也阿彌陀；縱饒忙似箭，不廢阿彌陀。日暮而途遠，吾生已蹉跎；旦夕清淨心，但念阿彌陀。

善導大師一生經歷的寺院大多環境優美、人文薈萃，經常吸引文人墨客前來參訪遊玩、緬懷高僧。

唐代是中國佛教發展上的全盛時代，文人學佛形成了社會風尚；唐代不少信佛的詩人，在保持佛教信仰的同時，妙筆生花，作詩寫偈，遊藝自在。詩人筆下流淌出來的美感境界，引起人們無限的想像。

白居易的〈遊悟真寺詩〉

善導大師讓悟真寺名氣大振，把悟真寺徹底建設成為名傳千古的淨土宗祖庭；加上鄰近長安城，也成為文人墨客必遊景點。

悟真寺依終南山北麓，鐘靈毓秀人傑地靈，素有「聖坊仙居」的美稱。岩崖峻峭，層巒疊翠，曲水回環，茂林幽篁，流雲飛瀑，悟真寺環境之美吸引了文人墨客的青睞，題詠悟真寺的詩歌至少多達四十餘首，著名詩人白居易、王維、王縉、韋應物、錢起、盧綸、張籍、張九齡、儲光羲、孟郊、鮑溶、賈島、張喬、魏野、蘇舜欽等詩人都有作品流傳於世。

白居易（西元七七二至八四六年），字樂天，晚年篤信佛教，號香山居士。白居易出生的年代，距善導大師圓寂已有九十多年了。

唐憲宗元和元年（西元八〇六年），白居易任盩厔（今西安市周至縣）

縣尉。盩厔縣離淨土宗祖庭悟真寺不算遠，白居易與淨土法門有深厚緣分，有適當時機便參訪悟真寺。

在元和九年（西元八一四年），四十三歲的白居易來到悟真寺參訪，遊玩了五個晝夜，終於寫下了傳誦千古的〈遊悟真寺詩〉：

元和九年秋，八月月上弦；我遊悟真寺，寺在王順山。
去山四五里，先聞水潺湲；自茲舍車馬，始涉藍溪灣。
手拄青竹杖，足踏白石灘；漸怪耳目曠，不聞人世喧。
山下望山上，初疑不可攀；誰知中有路，盤折通岩巔。
一息幡竿下，再休石龕邊；龕間長丈餘，門戶無扃關。
仰窺不見人，石髮垂若鬟；驚出白蝙蝠，雙飛如雪翻。
回首寺門望，青崖夾朱軒；如擘山腹開，置寺於其間。
入門無平地，地窄虛空寬；房廊與臺殿，高下隨峰巒。

岩崿無撮土，樹木多瘦堅；根株抱石長，屈曲蟲蛇蟠。
松桂亂無行，四時鬱芊芊；枝梢嫋青翠，韻若風中弦。
日月光不透，綠陰相交延；幽鳥時一聲，聞之似寒蟬。
首憩賓位亭，就坐未及安；須臾開北戶，萬里明豁然。
拂簷虹霏微，繞棟雲迴旋；赤日間白雨，陰晴同一川。
野綠簇草樹，眼界吞秦原；渭水細不見，漢陵小於拳。
卻顧來時路，縈紆映朱闌；歷歷上山人，一一遙可觀。
前對多寶塔，風鐸鳴四端；欒櫨與戶牖，恰恰金碧繁。
云昔迦葉佛，此地坐涅槃；至今鐵缽在，當底手跡穿。
西開玉像殿，白佛森比肩；斗藪塵埃衣，禮拜冰雪顏。
疊霜為袈裟，貫雹為華鬘；逼觀疑鬼功，其跡非雕鐫。
次登觀音堂，未到聞栴檀；上階脫雙履，斂足升淨筵。

六楹排玉鏡，四座敷金鈿；黑夜自光明，不待燈燭然。
眾寶互低昂，碧佩珊瑚幡；風來似天樂，相觸聲珊珊。
白珠垂露凝，赤珠滴血般；點綴佛髻上，合為七寶冠。
雙瓶白琉璃，色若秋水寒；隔瓶見舍利，圓轉如金丹。
玉笛何代物，天人施祇園；吹如秋鶴聲，可以降靈仙。
是時秋方中，三五月正圓；寶堂豁三門，金魄當其前。
月與寶相射，晶光爭鮮妍；照人心骨冷，竟夕不欲眠。
曉尋南塔路，亂竹低嬋娟；林幽不逢人，寒蝶飛翾翾。
山果不識名，離離夾道蕃；足以療饑乏，摘嘗味甘酸。
道南藍谷神，紫傘白紙錢；若歲有水旱，詔使修蘋蘩。
以地清淨故，獻奠無葷膻；危石疊四五，靁嵬欹且刓。
造物者何意，堆在岩東偏；冷滑無人跡，苔點如花箋。

我來登上頭，下臨不測淵；目眩手足掉，不敢低頭看。
風從石下生，薄人而上摶；衣服似羽翮，開張欲飛騫。
嵽嵲三面峰，峰尖刀劍攢；往往白雲過，決開露青天。
西北日落時，夕暉紅團團；千里翠屏外，走下丹砂丸。
東南月上時，夜氣青漫漫；百丈碧潭底，寫出黃金盤。
藍水色似藍，日夜長潺潺；周回繞山轉，下視如青環。
或鋪為慢流，或激為奔湍；泓澄最深處，浮出蛟龍涎。
側身入其中，懸磴尤險艱；捫蘿蹋樛木，下逐飲澗猿。
雪迸起白鷺，錦跳驚紅鱣；歇定方盥漱，濯去支體煩。
淺深皆洞徹，可照腦與肝；但愛清見底，欲尋不知源。
東崖饒怪石，積甃蒼琅玕；溫潤發於外，其間韞璵璠。
卞和死已久，良玉多棄捐；或時泄光彩，夜與星月連。

中頂最高峰，拄天青玉竿；同令上不得，豈我能攀援。
上有白蓮池，素葩覆清瀾；聞名不可到，處所非人寰。
又有一片石，大如方尺磚；插在半壁上，其下萬仞懸。
云有過去師，坐得無生禪；號為定心石，長老世相傳。
却上謁仙祠，蔓草生緜緜；昔聞王氏子，羽化升上玄。
其西晒藥臺，猶對芝術田；時複明月夜，上聞黃鶴言。
回尋畫龍堂，二叟鬢髮斑；想見聽法時，歡喜禮印壇。
復歸泉窟下，化作龍蜿蜒；階前石孔在，欲雨生白煙。
往有寫經僧，身靜心精專；感彼雲外鴿，眾飛千翩翩。
來添硯中水，去吸岩底泉；一日三往復，時節長不愆。
經成號聖僧，弟子名揚難；誦此蓮花偈，數滿百億千。
身壞口不壞，舌根如紅蓮；顱骨今不見，石函尚存焉。

粉壁有吳畫，筆彩依舊鮮；素屏有褚書，墨色如新乾。
靈境與異跡，周覽無不殫；一遊五晝夜，欲返仍盤桓。
我本山中人，誤為時網牽；牽率使讀書，推挽令効官。
既登文字科，又忝諫諍員；拙直不合時，無益同素餐。
以此自慚惕，戚戚常寡歡；無成心力盡，未老形骸殘。
今來脫簪組，始覺離憂患；及為山水遊，彌得縱疏頑。
野麋斷羈絆，行走無拘攣；池魚放入海，一往何時還。
身著居士衣，手把南華篇；終來此山住，永謝區中緣。
我今四十餘，從此終身閑；若以七十期，猶得三十年。

白居易筆下生花，行文揮灑變化，顯得疾徐有致，這首一百三十韻長詩〈遊悟真寺詩〉成為唐代山水詩的代表作之一。全詩以一千三百字超長的篇幅生動記錄了悟真寺的全貌，全方位且多層次地把悟真寺完整展示出來，為後人瞭解唐代的悟真寺，提供了珍貴的文學記錄資料。

白居易在詩的開頭寫到「元和九年秋，八月月上弦；我遊悟真寺，寺在王順山。」一開始就將遊玩悟真寺的時間、地點交代清楚。詩中寫到悟真寺上院建築的險峻：「回首寺門望，青崖夾朱軒；如擘山腹開，置寺於其間」——青翠的山崖夾著朱紅的佛殿，悟真寺就像被安放在擘開的山腹裡；寫到寺中所見所聞，樹木是：「根株抱石長，屈曲蟲蛇蟠，松桂亂無行，四時鬱芊芊。」面對悟真寺的眾多建築，白居易仔細描寫寺中多寶塔、玉像殿、觀音堂等建築之美。

白居易不止寫景，也記錄下悟真寺的傳奇典故。例如：「往有寫經僧，身靜心精專；感彼雲外鴿，群飛千翩翩。來添硯中水，去吸巖下泉；一日三往復，時節長不愆。」傳說，悟真寺過去有一位寫經僧，恭敬虔誠地抄寫佛經，身心清靜，感動了上千隻鴿子飛來悟真寺護持他寫經。鴿子飛到山巖下汲取清泉，再飛上來悟真寺給硯池添水；一日三往復，直到寫經僧抄經功德圓滿為止。

悟真寺是文藝氛圍極高的寺院，自然少不了書畫名家的作品。白居易寫道：「粉壁有吳畫，筆彩依舊鮮；素屏有褚書，墨色如新乾。」吳道子的畫、褚遂良的字，都成為了悟真寺精彩的文化內涵。

在詩的最後，他寫道：「我今四十餘，從此終身閒；若以七十期，猶得三十年。」白居易當時已經四十多歲了，如果以人生七十年為期限，他希望能自由自在地在這山上活上三十年！白居易對悟真寺的喜愛之情，溢於詩意。

白居易在中年時期與悟真寺結下深厚的緣分，到了晚年更是與淨土宗有著甚深因緣，虔心念佛。白居易在〈畫西方淨土幀記〉（收於《樂邦文類．卷三》）寫道：

我本師釋迦如來說言：「從是西方，過十萬億佛土，有世界號極樂，以無八苦四惡道故也；其國號淨土，以無三毒五濁業故也；其佛號阿彌陀。以壽無量願無量功德相好光明無量故也。」諦觀此娑婆世界微塵眾生，無賢愚無貴賤無幼艾，有起心歸佛者，舉手合掌，必先向西方；有怖厄苦惱者，開口發聲，必先念阿彌陀佛；又範金合土刻石織紋，乃至印水聚沙童子戲者，莫不率以阿彌陀佛為上首。不知其然而然，由是而觀，是彼如來，有大誓願於此眾生，此眾生有大因緣於彼國土明矣。不然者，東南北方過去現在未來佛多矣，何獨如是哉？何獨如是哉？

唐中大夫太子少傅上柱國馮翊縣開國侯賜紫金魚袋（白居易），當衰莫之歲，中風痺之疾，乃捨俸錢三萬，命工人杜宗敬，按《阿彌陀》、《無量壽》二經，畫西方世界一部，高九尺、廣丈有三尺。彌陀尊佛坐中央，觀音勢至二大士侍左右，人天瞻仰，眷屬圍遶；樓臺妓樂，水樹華鳥，七寶嚴飾，五彩張施，爛爛煌煌，功德成就。

弟子（居易）焚香稽首跪於佛前，起慈悲心，發弘誓願：願此功德，迴施一切眾生；一切眾生，有如我老者、如我病者，願皆離苦得樂，斷惡修善，不越南贍部，便覩西方白毫大光，應念來感，青蓮上品隨願往生，從現在身盡未來際，常得親近而供養也。欲重宣此願，而偈讚曰：

極樂世界清淨土　無諸惡道及眾苦

願如老身病苦者　同生無量壽佛所

白居易晚年患風痹之疾，他拿出三萬兩俸銀，請畫工杜宗敬繪製《淨土變相圖》；他每日必焚香頂禮，十分虔誠。〈畫西方淨土幀記〉結尾處，則表達了願與眾生一同往生極樂世界的願望。

雖然不確定畫工是否參考了善導大師的《淨土變相圖》，但善導大師是唐代繪製《淨土變相圖》風氣的重要推手之一。

白居易七十一歲那年，寫下一首〈念佛偈〉，讀起來琅琅上口，至今仍流傳廣遠：

餘年七十一，不復事吟哦；
看經費眼力，作福最奔波。
何以度心眼，一句阿彌陀；
行也阿彌陀，坐也阿彌陀；
縱饒忙似箭，不廢阿彌陀。
日暮而途遠，吾生已蹉跎；
旦夕清淨心，但念阿彌陀。
達人應笑我，多卻阿彌陀；
達又作麼生，不達又如何？
普勸法界眾，但念阿彌陀。

白居易在詩中重複強調「但念阿彌陀」，不禁令人想到這是善導大師在唐代推動持名念佛對後世造成的影響。詩中的「一句阿彌陀；行也阿彌陀，坐也阿彌陀；縱饒忙似箭，不廢阿彌陀。」白居易簡直就是持名念佛的最佳代言人。

白居易晚年退居洛陽，時常住在洛陽城南龍門東山山腰的香山寺，與龍門石窟隔伊河相望，能夠從香山寺直接看到龍門石窟盧舍那大佛像。白居易不會不知道善導大師就是盧舍那大佛像的監造者，對於善導大師的生平及其弘揚的淨土宗想必不陌生；白居易的持名念佛，似乎是冥冥之中受到善導大師的精神感召。

唐武宗會昌六年（西元八四六年）八月，《佛祖統紀．卷二八》曰：「一夕念佛坐榻上，倏然而逝。」白居易在念佛聲中，於洛陽履道里宅第安然往生，世壽七十五歲。

王維的〈遊悟真寺〉

王維（西元七〇一至七六一年）也曾遊歷悟真寺，創作了一首五言排律詩〈遊悟真寺〉（另有一說是王維的胞弟王縉作）。王維的作詩吟誦，增添了悟真寺不少人文情懷，也使得悟真寺更加聲名遠播。全詩如下：

聞道黃金地，仍開白玉田；
擲山移巨石，咒嶺出飛泉。
猛虎同三徑，愁猿學四禪；
買香然綠桂，乞火踏紅蓮。
草色搖霞上，松聲泛月邊；
山河窮百二，世界接三千。
梵宇聊憑視，王城遂渺然；

灞陵才出樹，渭水欲連天。
遠縣分諸郭，孤村起白煙；
望雲思聖主，披霧隱群賢。
薄宦慚尸素，終身擬尚玄；
誰知草庵客。曾和柏梁篇。

整首詩表現出「詩中有畫」的畫面感，同時引用了許多悟真寺的傳說故事與佛門典故。詩中的「聞道黃金地」，暗指悟真寺在建設的過程中，於巨石之中得到五寸金佛的故事；「擲山移巨石」乃形容悟真寺岩崖峻峭；「咒嶺出飛泉」則是指悟真寺歷史上的神僧清虛法師誦經焚香求得祈甘泉的傳奇故事。《宋高僧傳．卷二五》曰：

（釋清虛）長安二年獨遊藍田悟真寺，上方北院舊無井泉，人力不及，遠取於澗，挈缾荷甕，運致極勞。時華嚴大師法藏，聞虛持經靈驗，乃請祈泉。即入彌勒閣內焚香，經聲達旦者三；忽心中似見三玉女在閣西北山腹以刀子剜地，隨便有水。虛熟記其處，遂趨起掘之，果獲甘泉，用之不竭。

清虛法師為了解決悟真寺沒有井泉的問題，於是在彌勒閣內虔誠焚香、念經持咒，通宵達旦連續三天；忽然在心中似乎看見三位玉女在彌勒閣西北山腹處用刀子紮地，隨後就有水了。清虛法師熟記那個地方，然後趕緊去挖掘，果然獲得甘泉，取之不盡，用之不竭。

王維的〈遊悟真寺〉一詩反映了悟真寺的奇景與傳奇之後，悟真寺更加成為文人墨客的遊歷聖地。

除了寫詩，王維還曾多次幫助已故親友繪製《淨土變相圖》。他曾創作過一首〈西方淨土變畫贊並序〉，其中的詩偈寫道：

稽首十方大導師，能於一法見多法；
以種種相導群生，其心本來無所動。

稽首無邊法性海，功德無量不思議；
於己不色等無礙，不住有無亦不舍。
我今深達真實空，知此色相體清淨；
願以西方為導首，往生極樂性自在。

詩中的「願以西方為導首，往生極樂性自在」，表明了王維對極樂世界的嚮往之心，也說明了善導大師開創的淨土宗深受唐代文人墨客的推崇。

李白的〈淨土詠〉

唐代大詩人李白（西元七〇一至七六二年），字太白，號青蓮居士。相傳，李白於唐開元二十三年（西元七三五年）來到玄中寺，看到石壁山層巒疊嶂，峭石懸崖如削壁，山幽深而境靈，石壁山危峰壁立，卻狀如蓮華，將玄中寺環抱，玄中寺好似蓮華的花蕊。此等聖境，李白看得最透徹，於是題「壯觀」二字於千佛閣後石壁上，想必氣象萬千。

李白雖然比善導大師較晚來到玄中寺，但李白與善導大師見證了初唐至盛唐時期的文化高度，兩人對石壁山與玄中寺的「壯觀」氣勢想必發出相同的讚歎。

善導大師在玄中寺求學於道綽大師，玄中寺亦是淨土宗的祖庭。李白為玄中寺題字，也顯示他與佛教有著很深的緣分。李白曾寫過一首〈淨土詠〉：

向西日落處，遙瞻大悲顏；
目淨四海水，身光紫金山。
勤念必往生，是故稱極樂；
蛛網珍寶樹，天花散香閣。

圖畫了在眼，願托彼道場；

以此功德海，冥佑為津梁。

八十億劫罪，如風掃輕霜；

庶觀無量壽，常睹玉毫光。

這首詩可以看出李白對淨土法門有著相當程度的瞭解。詩中不但描述了阿彌陀佛佛身莊嚴微妙，也讚歎極樂世界的清淨莊嚴；尤其是「勤念必往生，是故稱極樂」的詩句，令人想到善導大師弘揚的持名念佛——只要一心稱念阿彌陀佛名號，就必定能夠往生極樂世界。

中國歷史上讚揚淨土宗的文人並不少，上述的白居易、王維、李白等詩人只是其中具有代表性的人物。其他像是柳宗元著有〈東海若〉一文，亦久為淨土宗奉為重要文獻。此外，信仰佛教的中國文人，一般來說也修學淨土宗以外的佛教思想，例如王維便也修學禪宗。

總的來說，淨土宗能夠在中國社會普及開來，深入民心，是歷史上眾多佛教大師與僧俗四眾共同不斷努力的成果，善導大師是其中極具代表性的大師，他的弘法教化因緣確實影響深遠而廣大。

貳・佛號跨越時空

善導和尚，世傳彌陀化身。觀其自行之精嚴，利生之廣博，萬代而下，猶能感發人之信心。脫非彌陀，必觀音、普賢之儔也，猗歟大哉！

善導大師是佛教中國化的實踐者，使得佛教適應中國文化的特質；其淨土思想的影響力普及於中國社會的各個階層，影響中國佛教淨土宗一千多年來的歷史發展，進而對不同的國度或地域產生重大影響。善導大師超越了時空的隔礙，盛德長存於人間，如民國高僧太虛大師（西元一八九〇至一九四七年）所說（《太虛大師全書・第二冊・第一編 佛法總學》）：

善導為淨土宗之光大者，為中國最推崇之祖師；即在日本，亦以其為淨土宗之主要人物。

中國淨宗 千年不絕

中國淨土宗在中國社會起了廣大的教化作用，安定人心，促進社會和諧。《佛說無量壽經．卷二》寫道：

佛所遊履，國邑丘聚靡不蒙化，天下和順，日月清明，風雨以時，災厲不起，國豐民安，兵戈無用，崇德興仁，務修禮讓。

這不就是「天下大同」的理想嗎？

善導大師弘揚持名念佛，使得「阿彌陀佛」四個字深入中國人的心中，就連《西遊記》中唐僧的口頭禪也是「阿彌陀佛！」太虛大師認為：「善導法師實為中國淨土宗風範之確立者。」（《第一編　佛法總學》）中國淨土宗的千年歷史，善導大師是重要的精神典範，後世更有多位淨宗大師接力傳承。

法照大師　善導後身

法照大師（西元七四七至八二一年）為中國淨土宗第四代祖師。「五會念佛」是法照大師一生自行化他的主要法門，故又被稱為「五會法師」，著有《淨土五會念佛略法事儀讚》一卷、《淨土五會念佛誦經觀行儀》三卷。

法照大師根據《無量壽經》而建立「五會念佛」，即依五種高低緩急之音調而念佛。其第一會是「平聲緩念」，第二會為是「平上聲緩念」，第三會是「非緩非急念」，第四會是「漸急念」，第五會是「四字轉急念」。前四會都是念「南無阿彌陀佛」六字聖號，第五會則只念「阿彌陀佛」四字，並且要更快、更急地念。

其影響深遠，唐代宗李豫（西元七二六至七七九年）便曾經下詔書，將法照大師迎請入宮中，尊封為國師，教宮人修五會念佛。

法照大師被視為善導大師的後身，認為他是善導大師再來人間示現的，《樂邦文類．卷三》曰：「後有法照大師，即善導後身也。」《佛祖統紀．卷二六》則記載：

〈慈雲淨土略傳〉：「阿彌陀佛化身，至長安聞滻水聲曰，可教念佛！三年滿，長安城皆念佛。後有法照法師，即善導和上也。」

少康大師　後善導者

少康大師（西元七三六至八〇五年）有「後善導」的稱譽，著有《淨土論》三卷。世傳少康大師與文諗大師共同編集《往生西方淨土瑞應刪傳》，集錄東晉慧遠至唐代中期往生極樂世界者之傳記，其卷一讚歎善導大師：「佛法東行，未有禪師之盛矣。」

少康大師的時代離善導大師的時代並不久遠，想必對善導大師的盛德有較為深刻的體會。洛陽的佛教名勝有舉世聞名的白馬寺；善導大師當初來到洛陽建造盧舍那大佛像的時候，想必也到過白馬寺。善導大師如同莊嚴的盧舍那大佛，大器脫俗，氣勢磅礴，深深地吸引著少康大師。

唐德宗貞元初（西元七八五年），少康大師參訪洛陽白馬寺的時候，發現殿中文字累放光明，這般奇特景象吸引了少康大師的目光，於是向前探取之，結果發現竟是善導大師的〈西方化導文〉！少康人師一見非常歡喜，便說：「若於淨土有緣，當使此文再發光明。」說完之後，果然此文光明再度閃爍，光中有無數的化佛菩薩，感應道交不可思議。少康大師深受感動，當下立誓發願：「劫石可磨，我願無易矣！」「易」就是改變的意思，少康大師認為自己修學淨土法門的心願絕不改變。

之後，少康大師前往長安光明寺瞻禮善導大師的影堂，大陳薦獻；忽見善導大師的真像升空，並且向少康大師開示說：「汝依我教，廣化有情，他日功成，必生安養。」少康大師聽聞之後，如有所證，於是更加堅定了弘闡淨土法門的決心與志向。《樂邦文類．卷三》記載：

又路逢一僧，曰：「汝欲化人，當往新定」。言訖而隱。新定今嚴州也，師至彼人無識者，康乃乞錢，誘小兒曰：「阿彌陀佛是汝本師，能念一聲與汝一錢。」群兒務錢，隨亦念之，後經月餘俟錢者多，康曰：「可念十聲與一錢。」如是一年，無少長貴賤，念佛之人，盈於道路。續於烏龍山，建淨土道場，築壇三級，集眾午夜行道，康高聲唱阿彌陀佛，眾共和之。師一唱佛聲，眾見一佛從口而出；連唱十聲，則有十佛，若貫珠焉。師曰：「汝見佛者，決定往生。」眾滿數千，亦有竟不見者，後遺囑道俗，當於安養起增進心，於閻浮提生厭離心，言已放光數道，掩然而逝。塔於臺子巖，天台韶國師，嘗重修之。世稱「後善導」者，即師是也。

少康大師念一聲佛號，就現出一尊佛像，念十聲佛號，就現出十尊佛像，實在是不可思議的殊勝瑞相。善導大師口出光明，少康大師後來則是口出化佛；兩位大師跨時空傳承，世人尊稱少康大師為「後善導」。

少康大師後來將烏龍山新建道場取名為「善導和尚彌陀道場」，以表達他對善導大師的崇敬與仰慕之心。

北宋的楊傑（約西元一〇二三至一〇九二年）居士創作了〈善導和尚彌陀道場讚〉，這首詩偈中的「後善導」就是指少康大師。詩偈讚言：

東峰壇級石嵯峨，十佛隨聲信不訛；
後善導依前善導，今彌陀是古彌陀。
一心正受超三界，孤月澄輝照萬波；
乘般若船遊淨域，度生還亦到娑婆。

高僧居士　讚揚善導

由於善導大師對唐代以後的淨土宗影響深遠，不少歷代高僧或居士都對善導大師給予高度的讚歎。舉例如下——

南宋王日休的《龍舒增廣淨土文》寫道，慈雲（遵式）尊者（慈雲懺主，西元九六四至一〇三二年）視善導大師為「阿彌陀佛化身」。蓮池大師（西元一五三五至一六一五年）為淨土宗第八祖，他所輯錄的《往生集・卷一》稱讚道：

善導和尚，世傳彌陀化身。觀其自行之精嚴，利生之廣博，萬代而下，猶能感發人之信心。脫非彌陀，必觀音、普賢之儔也，猗歟大哉！

印光大師（西元一八六二至一九四〇年）為淨土宗第十三祖，多次談到善導大師的弘法事蹟或修行思想等。印光大師讚歎善導大師在當時各大佛教宗派的發展盛況中弘揚淨土宗，契合眾生的根機。印光大師的《文鈔・續編下》便有一首〈唐二祖長安光明善導大師讚偈〉：

師當唐初，各宗盛行；提倡淨土愜群情，佛力誰與京。若肯投誠，西方定往生。

世傳師是彌陀現，提倡念佛義周贍。

切誡學者須撝謙，兼使極力生欣厭。

解宜遍通一切法，行擇機理雙契幹。

念佛出光勵會眾，所說當作佛說看。

此外，印光大師還讚歎善導大師發明「臨終助念法」的功德（《文鈔．續編下．蓮宗正傳跋》）：

此法乃唐善導和尚所發明，謂平日不念佛者，依此助念，亦可往生。善導和尚，彌陀化身；是知此法，利益宏深。普願見聞，咸生正信；展轉勸導，功德無量。待已臨終，決定有助念之人。何以故？以如是因，感如是果，因果兩各相符故。

到了二十世紀，原中國佛教協會會長趙樸初（西元一九〇七至二〇〇〇年）居士的〈善導大師往生一千三百年紀念贊詞〉，讚揚了善導大師一生功德及其久遠廣大的影響力：

惟我大師，乘願再來；
淨土法門，應機宏開。
五部九卷，妙宣深蘊；
能於難信，廣生正信。
龍門大像，曠古神工；
賴公檢校，人天永崇。
行願既圓，隨緣示寂；
千三百年，塔留香積。
寂而常照，星曜東方；
法然繼起，宗風丕揚。
四色之蓮，七寶之樹；
法音宣流，甘露普注。
善信億萬，同具至誠；

六時佛號，千載祖庭。
爰結勝因，爰興盛會；
憶念師恩，永矢弗墜。
伽藍斯辟，塔波斯修；
海潮迎像，天風送舟。
兩邦雲仍，俱會一處；
永敦夙好，同遵祖武。
我作此偈，贊古贊今；
南山東海，長耀明燈。

淨宗歷史　匯流諸宗

中國佛教有八宗、九宗、十宗、十一宗、十三宗等不同分類。「十三宗」是指成實宗、俱舍宗、三論宗、天台宗、法相宗、華嚴宗、禪宗、淨土宗、律宗、密宗、攝論宗、涅槃宗、地論宗。一般常見的中國佛教「大乘八宗」，分別為三論宗、天台宗、法相宗、華嚴宗、禪宗、淨土宗、律宗、密宗。

雖然中國佛教是各宗並榮，但淨土宗無疑是影響力最大的一個宗派，信仰人數最多，從皇帝百官到尋常百姓皆共同信受；尤其淨土宗深入民間，成為庶民的佛教，亦是維持中國佛教信仰的強大命脈。

善導大師的一生，正是隋末唐初佛教界各大宗派的興盛時期，中國佛教正進入黃金時代，高僧如林，佛教界巨星一顆顆不斷地湧現世間，為苦難世間帶來光明；善導大師躬逢其盛，親自體會到了各大宗派的活躍。

善導大師創立淨土宗，與中國佛教各大宗派的思想也是息息相關。例如，《觀無量壽經》在隋唐之初是最受歡迎的經典之一；善導大師的《觀經四帖疏》要重新註解《觀無量壽經》，就需要對於前輩們的大師的觀點有所回應。在此，便就阿彌陀淨土的定位問題，以淨影慧遠大師、天台智者大師、嘉祥吉藏大師以及攝論師的見解予以比較。

一、淨影慧遠大師：

為「地論宗」重要代表人物。淨影慧遠大師所註疏《無量壽經義疏》、《觀無量壽經義疏》為二經現存最早的註疏本，晚年又就曇遷法師稟受《攝大乘論》，並且著有《大乘義章》。終南山悟真寺的創建者淨業法師就是淨影慧遠大師的門人，可以說善導大師與淨影慧遠大師之間也有間接的緣分。

淨影慧遠大師把十方的佛國淨土，歸納分析為「事淨土」、「相淨土」、

「真淨土」三種，他在《大乘義章．卷一九》寫道：「為明佛土兼辨餘義。分別有三：一事淨土；二相淨土；三真淨土。」淨影慧遠大師主張事淨土是凡夫所居住的，而阿彌陀佛是應身佛。

二、天台智者大師：

「天台宗」智者大師著有《觀無量壽佛經疏》，屬於天台五小部之一，亦被視作天台教學之要書。智者大師在《觀無量壽佛經疏．卷一》曰：「四種淨土：謂『凡聖同居土』、『方便有餘土』、『實報無障礙土』、『常寂光土』也。」智者大師認為極樂世界是「凡聖同居土」。

三、嘉祥吉藏大師：

「三論宗」嘉祥吉藏大師則著有《觀無量壽經義疏》、《維摩義疏》、《大乘玄論》等。善導大師跟隨三論宗明勝法師出家，相信對三論宗也有一定程度的理解；三論宗嘉祥吉藏大師的《觀無量壽經疏》，竟然也是促成善導大師動筆撰寫《觀經四帖疏》的原因之一，可見大師與三論宗的因緣不淺！

吉藏大師將淨土分為四種：「凡聖同居土」、「大小同住土」、「獨菩薩所住土」、「諸佛獨居土」，並認為極樂世界是「凡聖同居土」。

四、攝論師：

「攝論宗」以傳習、弘揚印度無著菩薩的《攝大乘論》（簡稱《攝論》）而得名，其學者稱攝論師。

攝論宗則是主張念佛往生是「別時意」或「別時意趣」，認為念佛往生不是今生今世就能往生，是為未來往生作遠因。

善導大師對於上述各宗派大師的論點都予以回應，肯定凡夫今生今世就可以往生阿彌陀佛的極樂世界「報土」，進而見到阿彌陀佛的「報身」。

善導大師在唐代創建淨土宗，歷經唐末武宗滅佛後，持名念佛的修行方法雖在中國佛教持續發揮影響力，但善導大師的大部分著作則在中國失傳達千餘年。

直到清朝末年、民國初年，被稱為「近代中國佛教復興之父」的楊仁山（西元一八三七至一九一一年）居士在英國倫敦認識了日本佛教學者南條文雄，進而得知日本保留不少中國佚失的佛教經典；後來，楊仁山居士把這些佛教經典從日本請回到中國，並且在金陵刻經處刻印出來，善導大師的五部九卷才重現回到中國佛教徒的視野。被尊為淨土宗十三祖的印光大師因此得以拜讀到善導大師的全部著作，並對善導大師讚歎不已。

善導大師之後的淨土宗，在中國佛教的歷史長河發展中，仍然繼續與佛教各宗匯流與融合。例如，五代宋初的永明延壽大師為淨土宗六祖，同時也是禪宗的法眼宗三祖。他提倡「禪淨雙修」，把淨土宗與禪宗的思想融攝在一起；並且主張「萬善同歸」，勸勉淨土行人多集善根，多修淨業。永明延壽大師亦被視為阿彌陀佛化身，世人把他的生日農曆十一月十七日定為阿彌陀佛誕辰。

除了永明延壽大師之外，還有其他不少例子。例如，明代的蓮池大師（西元一五三五至一六一五年）被尊為淨土宗八祖，是主張「禪淨同歸」的一位大師；太虛大師稱，善導大師所著《念佛鏡》為「明蓮池等所推重，以於淨土教義，確有精要的發揮！」（《第一編　佛法總學》）

此外，與蓮池大師同為明末四大高僧的靈峰蕅益大師（西元一五九九至一六五五年）被尊為淨土宗九祖，也被認為是天台宗的大成就者。清末民初的弘一大師被推崇為南山律宗第十一代祖，但以求生西方極樂世界為歸宿。

太虛大師指出，中國佛學裡的天台、華嚴與修禪，在歷史發展上都漸漸流歸淨土行（《第一編　佛法總學》）：

由中國佛學所重在禪，依此重禪之特質而演變為台賢的教義，後來又匯歸淨土行，故成為禪台賢淨的次第。蓋中國佛學重心，從開始到今，一直在禪；而天台教觀盛於陳、隋，賢首教觀盛於唐初；宋、元後禪台賢俱衰，餘流匯歸淨土而轉盛。

太虛大師進一步主張，淨土乃是為「大乘根性」所説（《第一編　佛法總學》）：

諸佛之所以安立淨土，釋迦之所以宣說淨土，非為凡夫、二乘，實為「有大乘根性之眾生」。聽聞佛法，不求來世福報安樂，不圖自了三界生死苦惱，而為發普度一切眾生之大乘心者，乃安立宣說也。

太虛大師認為，淨土是為「有大乘根性之眾生」而說的，也可以說是為「大心凡夫」而說的。太虛大師「所唱導的菩薩學處，是重在啟發初發菩提心願的菩薩，旨在要人盡能成為大心凡夫的菩薩！」（《第一編　佛法總學》）「有大乘根性之眾生」自然是太虛大師贊許的「大心凡夫」的菩薩。

太虛大師勉勵淨土行人發起大乘心，以菩提心貫穿修行始終。相對於善導大師主張淨土是為「凡夫」而說，太虛大師則提出淨土的本意是為「大心凡夫」的菩薩而說，淨土思想的一千多年來的歷史發展可謂精彩紛呈。

淨土宗的歷史發展不斷地與佛教各宗匯流與融合，展現了無遠弗屆的影響力。善導大師發揚光大的「持名念佛」是中國佛教耀眼璀璨的明珠，影響力從唐代延續至今，更從中國傳播到了世界各地，善導大師對淨土宗的貢獻功不可沒。

傳至日本 再開新篇

善導大師的淨土思想對日本、韓國、東南亞各國等都產生了影響，如太虛大師所言（《第一編 佛法總學》）：

> 慧遠法師以後，至唐初之善導，尤力事宏揚，朝野從化。於是這種法門，不惟普遍於全中國——中國人幾至以「阿彌陀佛」四個字代表整個佛法——而且播及於高麗、日本、安南等地。

善導大師是念佛法門極重要的推動者，其影響力遠及世界各國，尤其對日本佛教的影響更是巨大而深遠。

善導大師五部九卷的著作在唐代就流傳至日本，影響力甚廣。十二世紀，日本僧人法然（西元一一三三至一二一二年）創立日本「淨土宗」，在夢中見到善導大師指授其專弘淨土教法，形成「二祖對面」的典故。法然上人的開宗創教偏依善導大師，因此尊奉善導大師為淨土宗高祖。法然弟子親鸞（西元一一七三至一二六三年）則是建立「淨土真宗」。因此，善導大師一生駐錫過的寺院就被日本佛教淨土宗和淨土真宗視為祖庭，這兩個宗派的佛教弟子經常前往玄中寺與悟真寺等寺院參訪祖庭。

二十世紀初期二〇年代，日本佛教史學者常盤大定博士經過多方考證，終於找到了當時荒蕪已久的玄中寺。一九四二年秋天，常盤大定率領日本佛教代表團來到玄中寺，日本淨土宗運行寺住持菅原惠慶長老也一同來到玄中寺參拜祖庭。時值棗熟時節，菅原長老從寺中棗樹上摘了一把棗子，帶回日本東京運行寺種植，並且把寺名改為「棗寺」。

此外，日本淨土宗的不少寺院喜歡冠名「悟真寺」、「善導寺」或者「光明寺」等，顯見對於善導大師的崇敬。

唐代時盛行的淨土變相圖，在八世紀時流傳到日本之後稱為「曼陀羅」或「曼荼羅」；其中，以奈良當麻寺的曼陀羅最有名，故稱為「當麻曼陀羅」或「當麻曼荼羅」（Taima Mandala）。此圖的構圖布局與善導大師所著《觀經四帖疏》的義理一致，畫風富麗堂皇且技巧高超，可謂是佛教藝術中的珍品，因此被大量臨摹，並廣為流傳。

由此例亦可想見，善導大師藝術弘法的崇高理念與法門，亦在日本佛教得到了體現。

在臺灣，也有紀念善導大師的寺院，亦即位於臺北市忠孝東路一段、臺北火車站附近的善導寺。

其創建於西元一九二九年，原名「淨土宗臺北別院」，是日據時期日本淨土宗總本山「知恩院」在臺灣的別院，為當時日本淨土宗在臺灣的布教中心和信仰中心，管理全臺的淨土宗寺廟。外觀簡單樸素，和臺灣一般寺廟的精雕細琢有很大不同。

一九四五年臺灣光復後，臺北市政府教育局依法接收，於一九四八年交由李子寬居士接管。一九四八至一九五四年之間，先後聘大醒、章嘉、南亭、印順諸法師為導師。一九五四年奉核定更名為「財團法人臺北市淨土宗善導寺」。一九五六年之後，便由住持負責管理。

一九八一年八月，在大雄寶殿旁興建九層樓高的慈恩大樓，八六年十月完成。其中，四樓是太虛圖書館，五至七樓是佛教藝術品展覽場地，珍藏了中國北魏、六朝、隋、唐、宋、元、明、清至近代的藝術品，可說亦是善導大師「以藝術說法」之善巧方便的彰顯。

縱觀善導大師一生之教誨，皆是婆心苦口引領眾生一心念佛、往生淨土、成就佛道。最後，謹以善導大師勸發菩提心的回向偈（《觀無量壽佛經疏．卷一》）作為本書結束語：

願以此功德，平等施一切；
同發菩提心，往生安樂國。

附錄

善導大師年譜（西元六一三至六八一年）

歲數　西元　中國年號

出生前十二年　六〇一　隋文帝　仁壽元年

隋文帝六十大壽當天，下令於全國三十個州各建造一座舍利塔來安放佛祖舍利。

出生前四年　六〇九　隋煬帝　大業五年

四十八歲的道綽大師來到玄中寺，此時離曇鸞大師圓寂已六十七年。

一歲　六一三　隋煬帝　大業九年

大師俗姓朱，出生於山東省臨淄縣（一說為安徽省泗縣）。

六歲　六一八　唐高祖　武德元年

唐高祖李淵建立唐朝。

十一歲　六二三　唐高祖　武德六年

於山東密州的明勝法師座下剃度出家，開始修學《維摩詰經》、《法華經》

等大乘經典。

十四歲　六二六　唐高祖　武德九年
唐高祖發布〈沙汰佛道詔〉。唐太宗李世民登基。

十八歲　六三〇　唐太宗　貞觀四年
機緣際會，得見《西方變相圖》，深受感動與震撼，發願往生西方淨土。

二十歲　六三二　唐太宗　貞觀六年
依止妙開律師受具足戒，成為一位正式的比丘。
與妙開律師共看《觀無量壽經》，悲喜交嘆地說：「修餘行業，迂僻難成；唯此觀門，定超生死。」

二十三歲　六三五　唐太宗　貞觀九年
周遊寰宇，求訪道津，尤其專程前往廬山東林寺，瞻禮慧遠大師遺跡。
決定隱居於陝西終南山悟真寺，依《觀經》修習，修「般舟三昧」數載，睹寶閣瑤池，宛然在目。

二十七歲　六三九　唐太宗　貞觀十三年
大師弟子懷惲法師出生。

二十九歲　六四一　唐太宗　貞觀十五年

從悟真寺出發，前往山西玄中寺，師事道綽大師，受淨土教。日後在玄中寺求學階段，曾度化洛陽的道英法師。

三十三歲　六四五　唐太宗　貞觀十九年

正月，玄奘大師從印度取經返抵長安。

四月二十七日，道綽大師在玄中寺圓寂。

大師從玄中寺返回終南山悟真寺。

道宣律師的《續高僧傳》於貞觀十九年完成，時值三十三歲的善導大師被寫進傳記。

三十六歲　六四八　唐太宗　貞觀二十二年

太子李治為死去的生母文德皇后追薦陰福，報答慈母恩德，下令建寺，故取名大慈恩寺。落成之時，大師成為大慈恩寺落成法會的五十位高僧大德之一。

三十八歲　六五〇　唐高宗　永徽元年

永徽年間，大師陸陸續續修建了淨土堂、法壇、玉像殿、迎賓閣、山門殿、接引殿、棧道朱欄等。因修建淨土別院，開路劈石，石開之際獲得高約五寸的金色佛像一尊。

四十歲　六五二　唐高宗 永徽三年

玄奘法師欲於大慈恩寺端門之陽造一座高三十丈的大雁塔，保存從印度請回來的佛經及佛像。

大師有機會觀賞大雁塔內保存的印度佛菩薩像，為其藝術弘法增添新的養分。

四十三歲　六五五　唐高宗永徽六年

大師弟子淨業法師出生。

五十六歲　六六八　唐高宗 總章元年

大師從悟真寺移住長安實際寺。由於年事漸高，逐漸步入老年，較少回悟真寺，而是多往來於光明寺、慈恩寺、實際寺等長安城內的寺院弘法。

六十歲　六七二　唐高宗 咸亨三年

因為超群出眾的藝術才華，以六十歲高齡受到唐高宗詔請，任命為檢校僧，負責督造洛陽龍門石窟的盧舍那大佛及奉先寺。

六十三歲　六七五　唐高宗　上元二年

直到唐高宗上元二年十二月底，盧舍那大佛及奉先寺終於大功告成，歷時三年又九個月。

六十九歲　六八一　唐高宗　永隆二年

三月十四日，大師圓寂，往生極樂世界，世壽六十九歲。

由義成法師撰、李振方正書的《善導禪師塔碑》樹立於大慈恩寺。

大師弟子懷惲法師為了紀念恩師盛德，在長安郊外終南山麓的神禾原，建塔祭奠安葬善導大師的舍利，名為「崇靈塔」。

圓寂後二十五年　七〇六　唐中宗　神龍二年

懷惲法師在「崇靈塔」的周邊建造寺院，落成於唐中宗神龍二年，稱為「香積寺」。

參考資料

一、專書

太虛大師全書編纂委員會，《太虛大師全書》，臺北：善導寺佛經流通處，一九八〇。
釋印順，《淨土與禪》，臺北：正聞出版社，一九九二。
釋聖嚴，《念佛生淨土》，臺北：法鼓文化公司，二〇一七。
釋宏印，《宏印法師演講集》，嘉義：海印精舍，二〇一四。
釋宏印，《淨土思想述要》，高雄：淨心文教基金會，一九九四。
釋慧淨、釋淨宗編述，《善導大師全集》，臺北：淨土宗文教基金會，二〇〇七。
悟真寺小叢書編輯小組，《善導大師的故事》，終南山悟真寺、敬亭山弘願寺倡印，二〇一三。
陳揚炯，《善導法師傳》，北京：宗教文化出版社，二〇〇二。
黃英，《光明和尚：善導大師傳》，高雄：佛光文化出版社，二〇〇七。

二、CBETA 電子佛典

梁釋慧皎，《高僧傳》，CBETA 電子佛典集成。

唐釋道宣，《續高僧傳》，CBETA 電子佛典集成。

唐釋善導，《觀無量壽佛經疏》（《觀經四帖疏》），CBETA 電子佛典集成。

唐釋善導，《轉經行道願往生淨土法事讚》，CBETA 電子佛典集成。

唐釋善導，《依觀經等明般舟三昧行道往生讚》，CBETA 電子佛典集成。

唐釋善導，《觀念阿彌陀佛相海三昧功德法門》，CBETA 電子佛典集成。

唐釋善導，《勸一切眾生願生西方極樂世界阿彌陀佛國六時禮讚偈》，CBETA 電子佛典集成。

唐釋迦才，《淨土論》，CBETA 電子佛典集成。

唐釋慧詳，《弘讚法華傳》，CBETA 電子佛典集成。

唐釋文諗、釋少康，《往生西方淨土瑞應傳》，CBETA 電子佛典集成。

唐釋義淨，《大唐西域求法高僧傳》，CBETA 電子佛典集成。

宋釋宗曉，《樂邦文類》，CBETA 電子佛典集成。

宋釋志磐，《佛祖統紀》，CBETA 電子佛典集成。
宋釋贊寧，《宋高僧傳》，CBETA 電子佛典集成。
宋王古，《新修往生傳》，CBETA 電子佛典集成。
元釋普度，《廬山蓮宗寶鑑》，CBETA 電子佛典集成。
明釋袾宏，《往生集》，CBETA 電子佛典集成。
清俞行敏，《淨土全書》，CBETA 電子佛典集成。
清彭希涑，《淨土聖賢錄》，CBETA 電子佛典集成。

國家圖書館出版品預行編目(CIP)資料

善導大師：阿彌陀佛化身／許清原編撰 — 初版
臺北市：經典雜誌，慈濟傳播人文志業基金會，2022.06
400 面；15×21 公分 —（高僧傳）
ISBN 978-626-7037-59-1（精裝）
1.(唐) 釋善導 2. 僧伽 3. 佛教傳記
229.34 111007338

善導大師——阿彌陀佛化身

創 辦 人／釋證嚴

編 撰 者／許清原
主編暨責任編輯／賴志銘
行政編輯／涂慶鐘
美術指導／邱宇陞
插圖繪者／李炯毅
校對志工／林旭初

發 行 人／王端正
合心精進長／姚仁祿
傳 播 長／王志宏
平面內容創作中心總監／王慧萍

內頁排版／尚璟設計整合行銷有限公司
出 版 者／經典雜誌
慈濟傳播人文志業基金會
112019臺北市北投區立德路2號
客服專線／（02）28989991
傳真專線／（02）28989993
劃撥帳號／19924552 戶名／經典雜誌
印 製／新豪華製版印刷股份有限公司
經 銷 商／聯合發行股份有限公司
231028新北市新店區寶橋路235巷6弄6號2樓
（02）29178022
出版日期／2022年6月初版一刷
定 價／新臺幣380元